中村すえこ
Nakamura Sueko

女子少年院の少女たち

「普通」に生きることがわからなかった

さくら舎

目次◆女子少年院の少女たち

第6章　人は変われる――その後の佳奈2

終　章　やり直すことができる社会へ

女子少年院の少女たち——「普通」に生きることがわからなかった

序章　被害者だった少女たち

「大人はあとで裏切るから」

「そう。あいつのせいでまた大人を信じられなくなった。どうせ大人は最初だけで、最初だけ信じさせてあとで裏切るってわかってるから」

ずっと孤独で生きてきた。信じられる大人なんていない。彼女は、嘘《うそ》をつく大人に幻滅《げんめつ》していた。

「最初は信じたふりをするんだ。あとから、あいつ、やっぱり裏切ったなみたいな」

どうせ大人は裏切る、この言葉に一瞬ドキッとした。過去の自分と比べている私がいた。大人はずるい。自分を認めてくれない社会に反抗していたあのころ、力で自分を表現するしかなかった。

彼女にわかったふりは通用しない。でも大丈夫、あのころの自分と話せばいいんだ。そう自分にいい聞かせた。

ここは大阪。私は、彼女の住まいであるマンションの一室でカメラを回しながら話を聞いていた。佳奈《かな》（仮名）との出会いはいまから半年前、群馬県にある女子少年院、榛名《はるな》女子学園だった。

少年院で初めて人の愛を感じることができた。これから先の自分の人生に、夢と期待と希望を持ち出院した彼女は、半年前、未来の生活に向けてスタートを切った。

しかしいま、佳奈はまた大人に幻滅し、不安と孤独に押しつぶされそうになっている。この半年のあいだに何があったのだろう。

覚醒《かくせい》剤、万引き、美人局《つつもたせ》……さまざまな罪を犯し、少年院に収容される少女たち。佳奈、美和《みわ》、沙羅《さら》、遥香《はるか》（すべて仮名）――、彼女たちは、そういう生き方を望んだのではなく、そう生きるしかなかった。ただ普通に生きること。少女たちはそれだけを望んでいたにすぎない。

最初は親や周囲の大人との小さなボタンのかけ違いだった。しかしそのかけ違いは、彼女たちの人生をガラリと変えていくことになってしまう。


居場所がなく、普通の生き方がわからなかった

私のいちばん古い記憶は、保育園のときだと思う。いつも母が車で送ってくれ、私はその時間が好きだった。家は6人家族で、働かない父はいつもお酒を飲んでは暴れていた。母はやさしくて愚痴《ぐち》などをけっしていわない人だった。私は母が大好きだった。

小学生になったころ、自分の家が貧乏《びんぼう》ということに気づいた。よその家のお父さんは昼間は働いて家にいないこと、友だちの家のトイレは水が流れることを知った。

「どうしてうちは普通じゃないんだろう」

姉たちはそれぞれ自立し、そのころから母は夜も働くようになり、私はひとりで夜を過ごすようになった。

ひとりで過ごす夜は、とても長く感じた。風の音、雨の音が襲《おそ》ってくるように聞こえ、ひとりで食べるご飯は「テレビ味」しかしない。

布団《ふとん》をかぶり、目をつぶる。

「早く寝ちゃおう。寝ちゃえばすぐ朝がくる。朝になればお母さんがそばにいてくれる」


中学生になり、夜の街に出ると、私のようにひとりで夜を過ごしている友だちがたくさんいた。それからは長い夜が楽しい夜に変わっていった。

タバコ、万引き、窃盗《せっとう》、無免許運転、シンナー……。友だちが増えるたびに、新しい悪いことを覚えていった。

金髪になった私の頭を見ても、母は何もいわなかった。

15歳でレディース（暴走族）の総長になり、チームを大きくすることを目標に真面目《まじめ》に総長をつとめていた。仲間と過ごせる場は、それまでになかったものを私に与えてくれた。

「もうひとりじゃない」

自分の「居場所」を守りたい。ただそれだけだった。

敵対チームに殴《なぐ》り込みをかけ、大怪我《おおけが》を負わせ、傷害事件で逮捕された。16歳のときだった。審判で少年院送致となったとき、涙が出た。涙の理由は反省したわけじゃない。自由がなくなるからだ。なお、少年法では、満20歳未満は少女であっても少年と呼ぶ。

女子少年院での生活はいま振り返ると学びがたくさんあったと思えるが、当時の私は、レディースと仲間のことだけを考えていた。早くここを出て、待っている仲間の元へ、帰りたい。

しかし、そう思っていたのは私だけで、仲間たちは私を待っていてはくれなかった。

女子少年院を出てから数日、まったく予期しない出来事が待っていた。私は仲間から反感を買って、レディースを破門《はもん》されていることを知った。かつての仲間たちからリンチを受け、地元から追放された。

理由なんて、どうでもよかったんだ。ただ私を辞めさせたかっただけ。

仲間と居場所を失った。ひとりでいると自分が消えてなくなりそうだった。悲しかった、さびしかった、つらかった……。

だけど、本当の地獄《じごく》はここからだった。いままで不良で生きてきた私には「普通に生きる」ということがわからなかった。普通の子の友だちのつくり方も流行《はや》りのことも何も知らない。知らない国にポツンと置かれたようだった。ただ、ひっそり毎日を過ごしていた。

自分がいなくなっても、誰も気がつかないだろうな。

孤独で押しつぶされそうだった。何のために生きるんだろう。そう考えるようになっていた。

「『覚せい剤』やめますか　それとも『人間』やめますか」

深夜のテレビ放送が終わり、警告《けいこく》メッセージが聞こえたあと画面は砂嵐になった。それを聞いたとき、いまの自分にぴったりだと思った。

覚醒剤をやると、時間があっという間に過ぎる。孤独を感じる時間がなくなり、高揚《こうよう》感を持つことができた。

いつでもやめられる、そう思っていたのは自分だけ。少年院を出て半年後、私は2度目の逮捕をされた。

「幸せになってもいいんですか」

現在、私は学校職員として働きながら、NPO法人「セカンドチャンス!」の一員として活動している。「セカンドチャンス!」は少年院出院者の自助グループで、おもな活動として交流会を開き、社会に出て孤立しがちな彼らの居場所づくりをしつつ、少年院を訪問して少年にメッセージを送る少年院講話もおこなっている。

女子少年院は全国に9ヵ所あるが、私はすべての女子少年院をまわり、多くの少女の声を聞いた。そして気づいたことがある。彼女たちは罪を犯した犯罪者・加害者だが、その前に被害者であった。

ある女子少年院で、少女から質問を受けた。

「幸せになってもいいんですか」

少女は幸せになってはいけないと思っていた。こんな私は幸せになってはいけない、なれるわけがない、と。

また、ある少女は養父を刺してしまったという。どうして?と聞くと、もう我慢《がまん》できなかったと。彼女はそれまでずっと性的虐待《ぎゃくたい》を受けてきたのだ。

こんな世の中、クソだと思った。自分で環境を選ぶことができない子どもが、自分を守るために、生きるために犯罪を選ぶしかなかったのだ。

これまでに彼女たちが育った環境には、虐待、ネグレクト（育児・養育放棄《ほうき》）のほかに、放任ではなく放置に近い環境が多いという現実を知った。

しかし世間の人は、加害者である彼女たちが被害者であった事実など知らず、「少年院に収容された粗悪な子どもたち」という印象しか持っていないのが現実だ。

「セカンドチャンス！」の活動で女子少年院の少女たちと出会い、こうした状況があるということを、少女たちの赤裸々《せきらら》な言葉を通して多くの人に知ってもらいたい、と考えるようになっていった。

少年院へカメラが入ることは通常はほとんどないが、交渉のすえ、法務省の許可を得ることができた。そして女子少年院在院中の少女たちへの取材をもとに、２０１９年7月、ドキュメンタリー映画『記憶――少年院の少女たちの未来への軌跡』を完成させた。

ここまでくるのに、構想6年、撮影・編集2年でトータル8年かかった。長い道のりだったがあきらめることなくやってきたのは、この社会を変えたいと思ったからだ。

『記憶』には、少年院に来て初めてご飯を三度食べることを知った子、初めて人の愛に触れた子がいる。自分の当たり前を、すべての人の当たり前だと思ってはいけない。映画を通して、現代社会の闇《やみ》と現実を知ってもらいたい。

そしてこの本では、『記憶』では描くことができなかった、私の心を書こうと思っている。

第1章 親に捨てられひとりで生きてきた

——佳奈・18歳（覚醒《かくせい》剤使用）

母親の育児放棄で施設で育った少女

２０１８年2月27日、私たち取材陣は群馬県の榛名《はるな》女子学園に到着した。この日は、映画『記憶』のクランクインの日であり、やっとたどりついたスタートだった。

入り口にある門は開放されていて、私たちが車で入っていくと、担当の方が玄関で出迎えてくれた。

建物の外観は女子少年院というより保養所のような雰囲気だ。玄関を入ると左には受付、目の前の階段を上がると園長室や応接室があり、玄関から右側の奥にある重い扉の向こう側が少女たちがいる場所となっている。ここから先はドアごとに施錠《せじょう》してあり、職員は腰にぶら下げている鍵で、そのつど解錠と施錠をすることになっている。

園長先生に挨拶《あいさつ》をし、担当者に案内された部屋は、少年院の中とは思えない家庭的な部屋だった。鉄格子《てつごうし》や鍵はなく、６畳《じょう》ほどの畳《たたみ》の部屋にテーブルとテレビ、小さなキッチンにはポットと湯呑《ゆの》みが置いてある。

「そうか、ここは出院準備室か」

遠い過去の記憶がよみがえる。

少年院に入ることを入院、出ることを出院という（満期あるいは満齢による本退院を迎える前に、ほとんどが仮退院となる）。出院準備室とは、出院を数日後にひかえた少年が当日まで過ごす部屋であり、決められた範囲内であれば、自由に移動することもできる。期間にすると３日～１週間以内で、そのあいだに自分が使用した少年院の備品である衣類や生活用品を洗濯や補修したりして、文字どおり出院の準備をする部屋だ。

しばらくすると、法務教官が少女を連れてやってきた。

少女は佳奈といい、現在18歳。17歳のときに覚醒《かくせい》剤で逮捕され、１年前にこの榛名女子学園に収容された。

肩まで伸びた髪を赤いゴムでおさげに結び、金髪だった髪の毛がちょうど１年分黒くなっている。少しぽっちゃりしているように見えるのは、少年院での食事が充実していたからだろう。表情がかたいのは緊張しているせいかもしれない。

佳奈はあと数日で仮退院となるが、帰る家がない彼女は「職親《しょくしん》プロジェクト」の企業が帰住先（出院後に帰る先）になっていた。仮退院し社会に戻っても、原則として20歳になるまでは保護観察がつく。その期間は人それぞれで異なるが、保護観察期間中は、保護観察所の保護観察官や民間ボランティアの保護司が定期的に面接・指導して立ち直りをはかる。

仮退院後は親元に帰るのが基本だが、引き受ける親がいない場合は更生《こうせい》保護施設に行くか、理解ある企業が引き受けてくれるかになる。

佳奈には帰る家がないのだろうか。聞きたいことはたくさんあるが、まずは佳奈がどうしてここへ来ることになったか、そこからはじめた。

「ここへは何をしてきたの？　話せる？」

「はい。覚醒剤を使って逮捕されました」

「『おはよう逮捕』で捕まったの？」

「おはよう逮捕」というのは、早朝に警察が令状を持って自宅にやってくる逮捕で、私もこれで捕まった経験がある。

もちろん辞書に載っている言葉ではない。いわゆる業界用語で、その世界の人しか伝わらない言葉だ。私はそっち側の人間だよと、わかってもらうためにわざと使った。

佳奈の顔が和《なご》み、ゆっくりしゃべりはじめた。

「違います。静岡県で働いていて、住み込みで美容院で働いていたんですけど、上司が様子がおかしいことに気づいて、それで上司と一緒に警察に行きました」

「えーっと、ちょっと待って。住み込みで働いていたってことは、何歳から働いていたの？」

「捕まったのは17歳ですけど、高校受験に失敗して、働かなくちゃいけなくなって。施設を出ていかなくちゃいけないから」

「施設って児童養護施設？」

「はい」

「そっか。じゃあ、まず、小さいときのことから聞いてもいいかな。お父さんとお母さんはいるの？」

「お母さんいるんですけど、育てられないみたいで。お父さんいるんですけど、教えてもらっていないんです」

佳奈の子どものころの記憶は、千葉の児童養護施設にいたときからはじまる。正確には生まれて数ヵ月後に乳児院にあずけられ、2歳になり児童養護施設に移ったそうだ。

母親とは、生まれてから数回しか会ったことがないという。育てられないみたい、というのは、なんとなく感じているのか、施設の人にそういわれたのか、直接いわれたのか……。

「お母さんに対してどんな感じ？」

「初めは私には両親がいないんだって素通りできたけど。ほかの子は親と面会しているから、いいなって思った」

誰でも小さいころに友だちのお母さんや近所のお母さんと自分の親を比べて、うらやましいと思ったことがあると思う。だが、親と暮らしたことがない佳奈にとって、うらやましいと感じる親は「面会にくるお母さん」であるということだ。感覚の違いを感じた。

佳奈には妹がいるそうだが、妹は母と暮らしているといっていた。このあたりも佳奈にとっては引っかかっているようだ。

「どうして私だけ育ててもらえないの」と、母に聞いたことは一度もないという。

「お母さんと思えない。他人感覚しかない」

と、表情を変えずに、他人事《ひとごと》のようにいった。強がっているのだろうか。本当は母親を求めているのではないだろうか。

佳奈は母親のことをそれ以上話さなかった。


児童養護施設には、なんらかの原因で親と暮らせない子どもたちが暮らしている。虐待《ぎゃくたい》、ネグレクトから保護された子もいれば、事故や病気で両親を亡くした子、その理由はさまざまだが、佳奈の場合、育てられないという理由で生まれてすぐに乳児院に、そして2歳から16歳までを児童養護施設で過ごしていたことになる。

「児童養護施設ではどうだったの？」

「いいことなんてひとつもない。悪いことしかなかった」

一瞬、間があき、当時の出来事を話しはじめた。

「小学校6年生のとき、めっちゃ勉強してたのに、施設の先生たちに勉強してないっていわれて喧嘩《けんか》になったりして、自分のことわかってくれてないから、もういいやって」

児童養護施設が嫌だった理由はひとつではなく、毎日の中にいろいろと理由があったようだ。小さな出来事で口論になったり、ときには暴力もあったと話す。

佳奈は自分をわかってくれない大人をシャットアウトし、そのころからリストカットするようになった。

「リストカットすると楽になるの？」

「血がボタボタたれて、うちが死んでも誰も悲しまないと思ってリストカットしてた」

当時を思い出したのか、佳奈の声は少し震《ふる》えていた。

「そのとき、理解者っていた？」

「まったくいなかったです」

孤独を感じるたびに傷跡《きずあと》は増え、佳奈の腕には痛々しいその名残《なごり》が残っていた。

「それから、どうして施設を出ていかなくちゃいけなくなったの？」

「高校受験に失敗して、高校に行かないと施設にいれなくて、出なくちゃいけなくって。施設の先生が一緒に探してくれたのが美容院だったんです」

佳奈は中学卒業と同時に寮完備の美容院に就職し、児童養護施設を出て自立することになった。

ほとんどの児童養護施設の子どもたちは高校卒業と同時に施設を退所する。厚生労働省の指導では現在20歳まで施設にいてもよい、となっているが、実際には18歳に満たなくても進学しなかった佳奈のような子は、早く施設を出ていくよううながされる。

つまり、高校に行かないなら仕事を探しなさい。仕事をして収入があるなら自立しなさい、ということだ。退所する子がいれば、新たな入所枠ができる。

しかし、中学を卒業したばかりの15歳の少女にとって、自立は厳しい現実だ。

「覚醒剤をやればいやなことを考えずにすむ」

「それで、覚醒剤はいつから？　なんでやりはじめたの？」

「ストレスがたまってて。そのときの彼氏にすすめられたから」

就職した美容院はチェーン展開しているお店で、他県にも店舗があり、最初に勤務したのは静岡、その次は山口、次は名古屋と3ヵ月ごとに転々とし、最初の勤務地である静岡に戻ってきた。その男とは2回目の静岡で知り合ったという。

「悪い男だなー」

「覚醒剤をやれば、いやなことを考えずにすむから、それでやりはじめました」

「なんで上司にバレた？」

「クラブ行ってそのまま仕事行ったら、フラフラで……」

覚醒剤を使うと、食べなくても寝なくても平気でいられる。スーパーサイヤ人になれるけど、クスリが切れたときの倦怠感《けんたい》はハンパない。クスリで興奮状態のままオールして、そのまま仕事に行ったのならフラフラだろうな。

この倦怠感に耐えられず、さらにクスリを身体に入れ、それをくり返していくうちにクスリ漬けになっていく。

これは私の経験だが、いつでもやめられる、自分が依存症になるわけがないと、なんの知識もないままクスリに手を出し、いつの間にかクスリ中心の生活になってしまうのだ。

知り合った男が悪い男なら、クスリ漬けにして女を風俗に落とすなんてこともよくある話で、私が少年院にいるときにも男に騙《だま》されてクスリをやり、風俗で働いたお金をクスリとその男にすべて貢《みつ》いでいた子がいた。

第三者が聞けば「騙されているよ」とわかることでも、本人にしてみるとその男は、自分を最悪の場所から救い出してくれた大切な人になるのだ。女子の場合はほとんどクスリと男はセットといっていいだろう。

社会には警察に捕まることが最悪なことと思っている人もいるが、薬物を使用して警察に捕まった人はラッキーだと私は思っている。もし警察に捕まることなく薬物をやりつづけていたら、間違いなく死は身近にあるからだ。私のまわりにも亡くなった人は何人もいる。

薬物を使っているうちは、自分からやめようなんてまず思わない。クスリをやっていることが幸せなのだから。逮捕は強制的な力ではあるが、薬物をやめるきっかけになる可能性は十分あり、それは結果的に自分を守ることになるのだ。

「その上司に対して、チクったって思ってる？」

佳奈は首を横に振った。一緒に警察に行ってくれた上司の思いは伝わっているようだ。

「いままでひとりで頑張ってきたから、ひとりでももうちょっと頑張ればよかった」

佳奈がこういった。

クスリに手を出してしまった後悔《こうかい》なのか、男に流されてしまったことなのかはわからないが、佳奈がいった「ひとり」という言葉に涙が出てしまった。

「先生に甘えられてよかった」

「ここでの生活はどう？」

佳奈は笑顔で答えた。

「先生（法務教官）に甘えられたことがよかったです」

これを聞いたとき、初めは意外というか、点数稼ぎのためかと思った。なぜなら私が少年院にいるときは、先生に心を許すことなんてなかったからだ。先生は敵だと思っていたし、甘えたいとも、甘えさせてもらいたいなどともまったく思わなかった。

たしかに、少年院での生活が私自身にとっては必要だったなと思っているが、そう思えるようになったのはもっとずっと後のことで、当時は「早く出たい」としか考えていなかった。

しかし、佳奈の顔を見ると、とてもいい顔をしており、いわされているようには見えない。ここへきて、自分の課題と向き合いながら、その中で先生との信頼関係を築けたということか。

こうして少年院を訪問するようになって、私がいた平成の初めのころと現在の少年院では、先生との関係性や、矯正《きょうせい》教育、出院後の生活のアフターケアなどが変わってきていることがわかった。

平成27（2015）年6月、66年ぶりに全面改正された新しい少年院法により少年院の種類が整理された。私のときは、初等、中等、特別、医療と処遇《しょぐう》区分されていたが、現在では、第1種、第2種、第3種、第4種となっている。

第1種はおおむね12歳〜23歳未満の者、第2種は犯罪傾向が進んだ原則16歳〜23歳未満の者、第3種は心身にいちじるしい障害があり治療が必要なおおむね12歳〜26歳未満の者、第4種は懲役《ちょうえき》などの形の執行《しっこう》を受ける者となり、少年たちは自分に適した施設に収容される。

たとえば再犯の場合は第2種へ、心身に障害がある場合は第3種へという具合だ。榛名女子学園は第1種と第2種になる。

そして、在院者の特性に応じて体系的・組織的な矯正教育課程が定められている。

法務省の「少年院のしおり」によれば、矯正教育の計画は、善良な社会人として自立した生活を送るための基本的な知識や、生活態度を身につけるための生活指導、職業上有用な知識や技能を身につけるための職業指導、教科指導、体育指導などが組み合わされておこなわれている。

内容については個別指導もあるので詳細まではわからないが、少年が少年院に収容されてから出院するまでの期間は、段階に応じて教育目標、教育内容が3つに区分されている。

3級＝自己の問題改善への意欲の喚起《かんき》をはかる指導

2級＝問題改善への具体的指導

1級＝社会生活への円滑な移行をはかる指導

各段階を達成・進級して出院となるが、佳奈を見てわかるように、矯正教育は少年の更生に大きく影響しているってことだ。

少年院に交渉し、佳奈の担任から話を聞くことができた。少年院では学校のように担任制がとられており、ひとりの法務教官が数人の少年を担当し、個別指導をおこなう。

「少年院にきて初めて甘えられたといってたのですが、彼女が最初にきたころはどんな感じでしたか？」

「最初にきたころは、自分の気持ちを言葉にできませんでした。自分がどういう気持ちなのかもたぶんわからなくて、快か不快かの二つくらいしかなかった……。言葉で表せないので行動で表して、ご飯を食べなくなったりして自分はいやだと表していました。それが途中から少しずつ、自分はさびしいなとか口に出すようになってきた。他人とのかかわりが大きかったと思うんですけど。先生にわがままをいってみたりですね」

「世間では、少年院に入ってくる子は悪いことをした子とみられていますが、実際の少年院の子どもたちを、教官はどういうふうにみてますか？」

「やってしまったことはいけないことですし、責任は考えてほしい。すべてを覆《くつがえ》すことはできない一方で、この子たちが悪い子だったわけではなく……。それを抱えてどういうふうに生きていくのかを少年院は気づかせる場所です」

「彼女が成長したところは、ほかにもありますか？」

「弱音《よわね》をはきながらも、やることをやって少し自信を持ったこと」

「彼女の成育歴は？」

「すべて彼女の中に責任があるわけじゃなくて、家庭に恵まれなかった子をそれに向き合わせるということは、彼女になんとかしなさいということなので、彼女の努力だけではどうにもできないことです。その中で必死に生きてきたのですから。向き合わせるのではなく、あきらめをつけさせることが大事。

ひとりで生きる覚悟を決める。でもそれはひとりぼっちということではなくて、ほかの人の支えを借りて生きていくということを教えていくことですね」

佳奈は先生たちの愛に包まれて、新しい自分の人生を踏み出そうとしている。そこにいきつくまでの過程で、彼女はどれほど苦しんだのだろう。

子どもは親を選ぶことができない。

佳奈に届いたたった一通の手紙には、面会に行くよ、お洋服送るよと書いてあったと担任から聞いた。しかしその約束が果たされることはなかった。

佳奈は、最初はお母さんに対して期待していたけれど、来ないという現実を受け入れ、親子関係の修復よりもひとりで生きる道を選んだ。そう決めたことで、先生や自分のまわりにいる人間に目を向けることができたのかもしれない。

どちらにしろ、佳奈はつらい現実を受け入れ、自分で人生を生きなおす決意をしたということだ。

「ひとりで生きていく不安はない」

佳奈へのインタビューはつづいた。

「少年院を出て、これから帰るのは、黒川《くろかわ》さんのところ？」

「親のところに帰れないから、黒川社長のところに行く」

「黒川社長のところ」とは職親プロジェクトに参加している大阪の企業だ。このプロジェクトは少年院や刑務所からの出所者の再犯を防ぐため、日本財団が２０１３年に企業と協力して立ち上げたもので（２０１５年から国が支援）、企業が住居や職を提供し、更生や社会復帰を応援していく。

佳奈のように親が引き取らない子や、親元に帰せない子たちの親代わりになって更生を支援する。希望すれば誰でも採用されるわけではなく、プロジェクトの条件、企業の条件があり、少年たちは在院中に企業と面会（採用面接）をし、採用が決まる。

佳奈は美容院での就業経験があることから、黒川さんと数回面会し、採用が決まった。

「黒川さんのところはいつ決まったの？」

「２級の前半の終わりころに決まりました」

「比較的早くに決まったんだね。出院して不安はある？」

「仕事つづけられるかっていう不安は大きいです。人間関係とかで崩れないかとか」

「ひとりで生きていく不安はない？」

「そういう不安はないです」

「自分の居場所ってことかな？」

佳奈はゆっくりうなずいた。「なんか人間関係で逃げられないから、逃げたらダメだなみたいな」

「逃げたらダメっていうのは？」

「嫌なことがあったらすぐ逃げちゃうので。なんだろ、そういうことがあったらダメだなって」

そう佳奈はいうが、逃げずに闘いつづけることもむずかしいことだと私は思う。逃げだしたくなることなんて山ほどあって、そんなときに、寄り添ってくれる人がいる環境が必要なんだ。安心できる居場所があるということは生きていくために大事なこと。佳奈にはそういう居場所がなかったのかと思うと、胸が締めつけられる思いだった。

「新しい職場も人間関係も不安だよね、うん。だけどきっと大丈夫だよ。今度は黒川さんがいてくれる」

「はい。パパみたいな存在で」

「黒川さんがパパ？」

「同じくらいの年の子どもがいるっていってました」

パパみたいといった佳奈は、照れくさそうな、うれしそうな顔をしていた。

「私になにか聞きたいことある？」

「なんでこの仕事に就こうと思ったんですか？」

佳奈は、取材は仕事の一環と思っているようだ。

「これで食べているわけじゃないのよ。仕事は私立高校で事務をしてるの。ちなみに教員免許を取ろうと思って挑戦中」

「そうなんですか」

佳奈は少し驚いた様子だった。

私は佳奈に、自分が少年院出院者の自助グループである「セカンドチャンス！」で活動しはじめたきっかけと、それによって自分が必要とされていることがわかった話、そのきっかけで一歩を踏み出すことができたことなどを話した。

そして、少年院を訪問して見えてきた社会問題について自分自身ができることは何かと考えるようになり、社会を変えたい、社会を変えるために映画をつくろうと思いはじめたことや、その映画を通し、苦しんでいる人たちに手を差し伸べることができる社会になってほしいと思っていることを伝えた。

「今日話してもらったこととか、あまり人にいいたくないことだったかもしれないけど、できた映画を見てくれた人がもし、自分のまわりにそういった子がいたら、できることがあるかもしれないと考えて、行動に移してくれていったら社会は変わるんじゃないかなって。

私も自分が生きていくのが精一杯で、誰かに手を差し伸べることができているのかというと、そうできていないかもしれない。だけど、その人の気持ちはわかる。私も自分の気持ちをわかってくれる人がいるだけで、気持ちが楽になるから。心の居場所かな」

明日、佳奈はここから仮退院する。

これから1年間、大阪の黒川さんの寮で住み込みをしながら美容院で働き、自立をめざすことになった。

出院引き受け先は職親プロジェクト企業

翌日、佳奈を迎えにきた黒川洋司《ようじ》さんを高崎《たかさき》駅まで迎えにいき、話を聞くことができた。

黒川さんは私と同世代で、同じように過去に非行歴がある。かつて大阪の城東《じょうとう》区では有名な不良だったそうだ。

現在は、大阪で美容院とリサイクルの会社を経営しながら、職親企業として職親プロジェクトに参加し、同時に少年院出院者たちの更生や自立をサポートする「良心塾」を運営している。佳奈のように職親プロジェクトで受け入れた少年は、美容院やリサイクル会社で働きながら、住居や生活環境の提供という支援を受け、社会で生きていく知識を良心塾で学ぶ。良心塾は矯正施設と社会のあいだに位置する中間支援施設の役割をしている。

　私が黒川さんを最初に知ったのは職親プロジェクトの会議のときだ。

　職親プロジェクトは２０１３年にはじまった。「企業の社会貢献活動と連携し、少年院出院者や刑務所出所者に就労と住居、教育、仲間作りの機会を提供することで、更生と社会復帰を支援するとともに、再犯率低下の実現を目指す」ことを目的としていたが、開始後、企業からは更生支援のむずかしさと、支援をつづけていくための意見が多くあがった。

　更生支援は民間企業だけでは限界があることがわかり、企業に丸投げするのではなく、官民合同勉強会を提案し、議論がスタートする運びとなった。

　勉強会は全部で10回（２０１４年7月～２０１５年3月）開かれ、官側からは、法務省、厚生労働省、文部科学省、国土交通省、総務省などが、民側からは、職親企業、自助グループ、保護司、学識者、元受刑者などが参加し、私たち「セカンドチャンス！」も民側から参加することになった。

　この勉強会で「就労」「教育」「住居」「仲間づくり」についての議論がなされ、中間支援の構想などが提案された。具体的には、矯正施設と社会のあいだにある「中間支援施設」の設置である。

矯正施設とは少年院、刑務所等のことを指し、更生改善を目的とする施設のことだ。だが、矯正施設からいきなり社会復帰してうまくやっていくのはハードルが高い。そこで、社会に本格復帰する前の慣らし運転のように、出院者をさまざまにサポートする場としてつくられたのが中間支援施設であり、黒川さんの「良心塾」はそのひとつである。

黒川さんは、職親プロジェクトで出院者を受け入れているうちに、矯正施設経験者に住む場所や職を提供するだけではなく、社会生活に必要な基礎知識を学習する機会が必要と考えるようになった。それらを提供するために良心塾を運営しているのだ。

会議で黒川さんを見たとき、ある直感があった。見た目はやさしそうでおだやかな雰囲気だが、絶対この人、元不良だと思った。

だから、今回の取材を通し、黒川さんの過去を聞いたときは、やっぱりな、と思った。

黒川さんは母子家庭で育ち、荒れていた時代があったが、母親が急死したことがきっかけで自分の生き方を本気で変えていこうと思った、と話してくれた。

黒川さんの話を聞きながら、黒川さんも生き直しの最中なんだと思った。そんな経験があるからこそ、少年に寄り添うことができるのかもしれない。

「いままで何人くらい受け入れました？」

「美容院に5名、リサイクル業のほうで3名で、あとは良心塾に20名ほどいます」

良心塾には通いで学びにきている子もおり、多くの少年が出入りしているようだ。

「佳奈の状況はご存じなんですよね？」

「一回も家庭で育ったことがないって聞いています」

「彼女が私との会話の中で、『ひとりで頑張ってきたから、ひとりでももうちょっと頑張ればよかった』というのを聞いて、そんなに頑張らないで、まわりがそのとき助けてあげることができなかったのかなって涙が出ちゃいました。これから彼女がたくさんの愛に囲まれて生きていけたらって、心から思います」

「ほんまの父親にはなれないですけど、仲間として家族として愛を与え合うのはできるので。僕にできることはそれしかないと思うんですけどね」

愛を与える、か。愛されることで、愛し方がわかるんだろうな。

「いま、この社会に必要なことってなんだと思いますか？」

「いまの不良の子の現状は、昔のヤンキーと違って、めちゃくちゃ。発達障害や虐待を受けていた子が多い。僕のときは母親という絶対的存在が見捨てず愛して承認してくれていたけど、虐待を受けていたり育児放棄で児童養護施設に入れられたり……。社会問題である虐待や育児放棄はひとりでは変えられなくて、それには非行と関係ない人にも理解してもらわなくちゃいけない」

黒川さんがいうように、私も絶対的存在である母の愛があったから、こうしていまの私がある。もしも、その母の存在がなかったら、と想像することさえもできない。

昔のヤンキーといまの子の何が違うか、と聞かれたら、黒川さんのいう絶対的存在の有無が大きく関係していると私も思う。

愛を与えてもらえば、愛の与え方を学べる。

思いやりも、気遣いも、信頼もそうだ。与えてもらっているからこそ、与えることができるのだ。

いまは愛情を感じることなく育ってしまった子どもが多くなっていると私は思う。それは親だけが悪いということではない。親も生きていくのに精一杯であり、大事なものがわかっていてもどうにもならないときがある、ということを自分が親になってから知った。

「黒川さんのところではそういった子が多いんですか？」

「はい。自分の存在を認めてもらえないことが多かったので、ああ生きていていいんやと自尊心を取り戻すのに時間がかかるんですよ。本気で向き合っていかなくちゃです」

黒川さんと私が待つ部屋に佳奈がやってきた。セーターにデニムのショートパンツ姿で、年相応な感じだ。逮捕されたときに着ていた服だろう。

佳奈の手にあるのは二つの紙袋だけだった。これまでの人生がたった2袋に収まってしまうのか。

二人は並んで歩き、2階の園長室に向かった。

「気をつけ。これより、○○佳奈さんの仮退院式をはじめます」

佳奈が仮退院のための遵守《じゅんしゅ》事項を誓《ちか》う。遵守事項とは仮退院後、保護観察期間中に守るべきルールのことで、人によって内容が違う。

「覚醒剤、大麻《たいま》、規制薬物の売人といっさい連絡をとらないことを約束します」

佳奈は、逮捕の理由となった薬物の使用を今後しないことと、大阪での生活の決意を述べていく。

遵守事項は暗記して述べなければならないので、佳奈は出院準備生になってから毎日練習していたという。途中、緊張のせいか間が空いたときは、忘れてしまったかと思い、見ている私がハラハラしてしまったが、どうにかすべてをいい終えることができたときは、ホッとした。

「平成30年2月28日、移住すべき住所は大阪。幸せな大人になってください。それを榛名は望んでいます」

園長が佳奈に伝え、仮退院式は終わった。

2階から1階に下り、玄関に向かう途中、佳奈がきょろきょろしている姿を見て、笑ってしまった。私も経験済みだ。「こんなとこだったっけ?」と。

いま、私たちがいる場所は少女たちが生活している寮とは違う建物で、佳奈が着替えた部屋や、仮退院式をした園長室はふだん入ることのない場所だ。

ここには施錠された部屋はなく、いまいる玄関は、入るときと出るときの二度しか使わない。長くいた場所でも見知らぬ空間であり、不思議な感じがするわけだ。

玄関には見送りの先生たちがたくさん出てきていた。

「ありがとうございました」

佳奈は先生たちにお礼をいった。

担任の先生と目が合った瞬間、佳奈は涙を流した。

「先生、ありがとう、ありがとう」

先生は佳奈の肩を抱き、赤ちゃんの背中をたたくようにポンポンとたたいた。

「大丈夫、頑張れるよ」

みんなが見送るなか、佳奈は黒川さんと一緒に車に乗り込み、手を振って女子少年院を後にした。

先生はどんな気持ちで送り出したのだろう。佳奈の担任の先生から話を聞くことができた。

「心配は心配ですね。彼女はいろいろできることは増えてきたけど、まだまだ幼いですよね。非常に子どもで『育て直し、育ち直し』の最中ですから。

ただ、黒川社長のとこに行くってことは彼女がすがりついてブレなかったところなので、本気で居場所を求めて帰っていったと思います。これからつらいことがたくさん出てくるなかで、私たちにしたみたいに話ができるかなとか、関係を一から築くことがどこまでできるかなと思いますが……。

彼女は、ここを出るにあたって不安なのと、さびしいということをいっていたので、大丈夫だよといって出したいですね」

佳奈は、たくさんの先生に見送られ、少年院を仮退院した。黒川さんのところできっとうまくやっていける。そのときはそう思っていた……。

女子少年院という学びの場

平成27（２０１５）年に内閣府がおこなった「少年非行に関する世論調査」では78・6パ

ーセントが少年非行は増えていると答えている。しかし実際の数を犯罪白書から読み取っていくと、少年非行は近年急激に減っていることがわかる。

令和元（2019）年度版犯罪白書によると、刑法犯少年の検挙人員は平成15（2003）年度の14万5448人（男子11万602人、女子3万4846人）から減少しつづけている。平成30（2018）年度は2万3970人（男子2万569人、女子3401人）と、平成15年度のおよそ6分の1。このうち少年院入院者は2108人（男子1933人、女子175人）である。罪状では男女ともに窃盗がいちばん多い。

ちなみに私が少年院に収容されていた平成3（1991）年度の入院者は4329人（男子3813人、女子516人）、収容率は120パーセントで、その当時女子に多かったのは虞犯《ぐはん》（将来犯罪をおかすおそれのあること。第3章参照）と薬物だった。私のような暴走族は1割いる程度だった、
とはいっても、こればかりは本人の自称なので確証のない話であるが、少女の虞犯や覚醒剤には必ずといっていいほど男が関係している。

覚醒剤で検挙された少年の数は平成9（1997）年の1596人がピークで、平成29（2017）年にはピーク時の約20分の1にまで減少している。だが、翌平成30年は大麻での検挙が増加した。覚醒剤より手軽に使用できることから一気に広まった。また30年は詐欺《さぎ》

での検挙も増加した。少年非行の裏側には大人の存在があることは間違いない。

振り込め詐欺の場合、犯罪意識のない低年齢少年や、発達に問題がある少年が利用されることがある。

先輩や友だちに金払いのいいバイトがあるとすすめられ、何も考えずにいわれたとおりにしたことが「受け子」だった、という話はよくある。また、受け子にも紹介制が導入されていて、自分が誘った子が得たお金の一部が入ってくるシステムなど、実行犯でなくても容易にお金を手にすることができるため、なかなかそこから離れることができなくなり、反社会的勢力との関わりが強くなってしまう。

簡単にいうとヤクザ予備軍だ。いや、いまの時代は、半グレ予備軍といったほうがいいかもしれない。

また少年院に収容される少年のほとんどは虐待された経験があり、男女ともいちばん多いのは身体的虐待であるが、女子の場合は性的虐待がある。虐待は、本人が自覚していない場合もあり、少年院で自分が虐待を受けていたことを初めて自覚する場合もある。

ある少年院で聞いたことだが、虐待を受けていた子はほぼみんな虫歯だといっていた。歯をみがくという、毎日の習慣が身についていないということだ。逆に、虫歯が多い子は虐待の可能性を考えることができる。

日本には令和2年4月1日現在、48の少年院があり、そのうち女子少年院は全国に9ヵ所ある。榛名女子学園は関東・甲信越、静岡地方の家庭裁判所や裁判所で、保護処分や少年院送致決定の審判を受けたおおむね12歳以上20歳未満の女子少年が収容されている。

おおむね12歳以上ということは小学生が少年院に収容される可能性もあるが、現在までに小学生が収容されたことはない。以前多いときには100名以上いた少女たちも現在は30名ほどだ。

収容された少女は約1年かけて、社会復帰のための矯正教育を受ける。生活指導や職業指導以外にも、出院後の社会生活に活用できるよう高校卒業程度認定試験を少年院の中で受けることや、珠算《しゅざん》検定などの資格を取得できる教科指導もある。

私も収容されているときにワープロ3級を取得した。出院後の生活に役に立つということ以外に、目標に挑戦し、途中であきらめずに達成できたことがいい経験になった。ブラインドタッチができるのも少年院で練習した成果である。

一日のスケジュールは時間で決められていて、基本は私語禁止、余暇《よか》の時間もあるが、おしゃべりをしていい時間ではなく、本を読んだり、身のまわりの整頓《せいとん》をする時間にあてられていた。お風呂は週に3回、夏場は行水《ぎょうずい》することも許されている。

少女たちは、十分な睡眠と規則正しい生活、三度の食事で、身体的、精神的に落ち着いた自分を取り戻すことができ、自分の問題について向き合う姿勢がととのっていく。年間を通し、運動会やクリスマス会、エアロビクス発表会などチームで協力しあう行事もたくさんあり、そういった経験で協調性や達成感などを育《はぐく》み、人として成長していくことができる。

少年院は罪を償《つぐな》う場所ではなく、矯正教育を受ける場所である。矯正教育とは少年の心身の健全な育成をはかることを目的としていて、少年院は社会復帰できるよう、少年を育成する場所だ。もう二度と罪を犯すことのないように育成する。

少女たちはそのなかで自己を見つめ直し、自らの課題と向き合うこと、自分のおこないを反省し、社会で生きていくため必要なことを身につけるのである。

たとえば、外部講師による「命と心の教育」授業では被害者の視点を取り入れた指導がおこなわれるが、そこではこんなやりとりがあった。

講師「強くなくちゃいけない気持ちは？」

少女Ａ「強くいることがいちばんみたいな、自分の価値を高めたくて非行とか暴力とかしていたけど、ここで問題並列思考を知った。

授業のなかで社会でやっていくための強さってなんだと思うっていう課題が出て、自分では力の強さだと思っていたけど、先生に聞くと自分の弱さを認めることが強いっていうことだとか、まわりの人は自分の欲望に負けないとか、目に見えないものが強さだとかいろんな話とか出てきて、私がいままでやってきた暴力って全然違うものなんだなって。いろんな人にいろんな意見を聞いて、大切な意見をいっぱい聞けたかな。

いままで私は全部、自分の意見が正しいと思っていたけど、まわりの人の意見を聞いて違う意見をいわれたら、私とは違うけどこういった考え方もあるのか、と思えるようになった。自分と相手を一本化してみていたけど、個々に考えは違うけど重なり合う部分が必ずあって、共通の部分と別々の部分、両方とも大事ってことに気づきました」

このように、講師や法務教官は正しい答えを教えるのではなく、少女自身の内省《ないせい》によって自らの答えを出せるように導く。

こうした気づきは、自分の心に素直になることができたからであり、少女たちが素直になれたのは寄り添う人（法務教官）がいたからである。

第2章　保護から締め出された

——その後の佳奈1

「あいつのことなんて知らん」

佳奈の出院から約5ヵ月がたった7月半ば。佳奈はあれからどうしてるだろう。約束どおり、佳奈に会いにいこう。私は大阪に向かうことにした。

新幹線に乗り、黒川さんから時折送られてくるメールの写真を見ながら、美容院で働いている佳奈にシャンプーしてもらおうなどと考えていた。

写真には、黒川さんの家族と笑顔の佳奈が写っている。良心塾のみんなと農業体験にいったときの写真や、黒川さんの家族と撮ったプリクラからは愛情ある日常が感じられる。

良心塾は大阪駅から二つ先の駅にあった。改札を出て数分歩くと商店街に着く。商店街は都心にありながら下町の風情《ふぜい》が残る雰囲気で、にぎやかだった。たくさんのお店と人があふれている。地域のあたたかさを感じる場所だ。

黒川さんが運営している良心塾は商店街の一画にあり、また美容院もこの商店街の中にあった。

良心塾は、1階に少年たちの居場所と事務所があり、2階は男子寮にしているそうだ。佳奈の住む女子寮は近くにあるということだが、本人は遊びにいっているらしく、そのまま良心塾で待つことにした。

１階は入り口を入ると長テーブルが二つ置いてあり、そのまわりにイスが数個、奥の仕切りの向こう側は事務仕事をするスペースとなっている。長テーブルの近くに座った。

「その後、佳奈はどうですか？」

黒川さんに聞くと、厳しい顔で苦笑い。

「いま、美容院で働いていないいんだよね。建築関係で働いてるんだよ。くわしくは本人来たら聞いてよ」

どういうことだろう。佳奈は美容院の勤務経験があるから黒川さんのところに来たのに。

２階の男子寮にいる元気な男の子が数人、出たり入ったりしていた。ここは中間支援施設なので、住んでいる子たちは働きながら学ぶ生活を送っている。彼らはリサイクル業の仕事が終わって帰ってきたようだ。

中間支援施設にはいろいろな人がいる。佳奈のように少年院から帰る家がなかった子や、保護観察所の紹介できた子、刑務所や少年院で黒川さんを知り、頼ってきた人もいる。仕事がない日や終業後の時間を使って、お金の使い方やビジネスマナーなどの社会常識や生活力を身につける教育を受けながら自立をめざしている。

しばらくすると、ガチャッと大きな音がし、入り口のガラスの戸が開いた。

「来たけど、うちになんか用？」

佳奈が戻ってきた。5ヵ月前とは外見もしゃべり方も違う佳奈の姿があった。

金髪に派手なギャルメイク、スウェット生地の黒ジャージには金文字が書かれていた。ダイエットしたのか、身体は一回り小さくなっていた。町ですれ違ってもわからないかもしれない。

「会いにいくって約束したじゃん。会いにきたんだよ」

きょとんとした顔をしている。

出院した日、別れ際に駅の改札で約束をしたことさえ忘れているようだ。それとも、いままで約束を守る人がいなかったのか。

「なに、仕事の業種変えたって？　外仕事って聞いたけど楽しい？」

「まー」

「美容院はダメだったの？　なんで？」

「……女ばかりの環境だったから」

「仕事が決まるまでは、そのあいだ何してたん？」

佳奈は聞こえてないのか、聞こえてないふりをしているのか、スマホをいじっていて答えない。

「頑張れてる？」

「頑張れてない、けど、いまの仕事は頑張れてるよ」

少し言い訳っぽく聞こえた。

「彼氏ができたんだ」話題を変えたいようだ。

「やったじゃん。どこの人？」

「兵庫県に住んでるから。ちょっと遠い」

「彼氏ができて自分の生活変わった？」

「変わった。すっぴんでもかわいいっていわれるからさ、よしって」

うれしそうな恥ずかしそうな顔をしている。いままでさびしかったのかな……、そんなふうに見えた。

「何個か質問していいかな。まず、黒川さんのとこにきて、どう自分？」

「全然話してないし。黒川さんと、会ってない」

「避けてるの？」

「どうでもいいと思ってる」

どうでもいいというより、投げやりになっているように見えた。話題を変え、

「じゃあ、少年院について。少年院に行ってよかったたっていってたでしょ。それは？」

「少年院はな、マジで時間の無駄だったわ」

「学んだことへの感謝とかいってたじゃん、それは？」

「まったくない」

「ひとつも？」

「ない」

「泣いてたじゃん！　あたしあれ見て感動したんだけど」

「あれは大好きな先生だったけん……」

外見もしゃべり方も別人のようになっていた佳奈。だけど、これも佳奈で、もしかしたら少年院にいるときが別人だったのかもしれない。

どちらがいいとかではなく、よくよく考えると、私は1年間の少年院生活の間はずっと猫をかぶって生活していた。でも、どちらも自分だった。いまの佳奈を、こんな姿になっちゃって、と思うほうがおかしいのかもしれない。

ずっとスマホをいじっていて、目も合わせてくれない。質問しても答えは想定どおりで、少年院について時間の無駄とか、ダルすぎたと佳奈はいっている。だが、涙を流した先生への想いを聞いたとき、少年院での生活をすべて否定しているわけじゃないと逆に確信が持てた。

佳奈は時間がないといって駅に向かって歩き出した。彼氏のところに行くようだ。一緒に歩きながら、佳奈にもう一度黒川さんのことについて聞いてみた。

「あいつのことなんて知らん」

パパみたいといっていた黒川さんは、あいつになり、どうでもいいとなっていた。出院するとき、仕事がつづくか不安があるといっていた。仕事がきつかったのか、それとも人間関係がうまくいかなかったのだろうか。黒川さんとの関係も良好に見えない。この5ヵ月のあいだに何があったのだろう。

更生支援のむずかしさ

佳奈を駅まで送り良心塾に戻った私は、黒川さんにこれまでのことを聞いてみた。

佳奈は、出院後しばらく黒川さんの家族と一緒に過ごしたのち、美容院で働いて2日目に「女性が多い場所はしんどい」といい出したそうだ。

黒川さんの案として、3ヵ月後の5月に開く新店舗は男性だけだからそこで働くようにいったけれども、「それまで待てない。ガテン系がしたい」といいはじめたとのこと。

「美容院で働かなくてもここにはいられるの？」と聞くと、黒川さん自身が1年間は面倒を見ると決めており、美容院でなくても仕事をすれば支援を受けられ、寮を出ていかなくてもいいようにしたそうだ。

しかし、本来、佳奈は職親プロジェクトである黒川さんの美容院で働くことも目的としていたはずだが。

「俺もその言葉を信用して、期待していたんだけど、ほんまに美容院で働きたかったのかっていうと、そこまでの思いがあったのか微妙かな」

「なんで美容院をそこまでしたくなかったんだと思います？」

「わからん。でも来たときから男の職場、鳶《とび》。美容院よりも鳶の経験の話ばっかりしてた」

「職親を利用したってことかな」

「そこまで利用したろという悪意のある子はいないと思うけど。藁《わら》にもすがる思いがあってきてるのかなと」

少年院から出院が決まっても、出られない少年もいる。その理由には、親が引き取らないことや、またそれとは逆に家があっても親元に返せないなどがあるが、とにかく帰住先が決まらないと少年院から出ることはできない。

帰住先は、更生保護施設や、以前の職場の社長だったり、職親だったりでもいい。しかし、これには双方のタイミングや少年自身の特性などもあり、簡単に決まることではない。帰住先が決まらず、行き場や帰る場所もないため、収容期間が過ぎても出院することができない少年がいるのも事実だ。

佳奈の場合、美容院での勤務経験と黒川さんのところの受け入れ態勢のタイミングが合ったから出院可能となったのだが、親元に帰れない佳奈にとっては藁にもすがる思いだったというのもわからなくはない。

結局、その後、佳奈は美容院ではなく鳶職として働きはじめた。

黒川さんにしてみたら、話が違うだろ、といいたいところだろう。最終的には、佳奈の気持ちと自立を優先的に考えて出した結論だったということだ。

美容院のときとは違い、楽しそうに通っている佳奈の姿に安堵《あんど》した矢先、事件は起こった。勤務しはじめてから数日後、佳奈は職場の大人とトラブルを起こしたのだ。そしてそのトラブルが原因で辞めなければいけない状況になってしまった。

そのときのことを黒川さんはこう話す。

「その職場で働いている大人の男性と男女関係になってしまって。男女関係になるのがダメというわけではないけど、まだ早すぎると。向こうの男性はいい年だし。僕が親代わりですから、挨拶《あいさつ》も一切なくそういう関係になってしまっていかがなもんかなと。

親方は申し訳ないといってくれたのですが、男社会の建築現場で親方がずっと監視することができないと。徹底してやるんやったら厳しいと。で、結局辞めることになったんです」

「こういった状況を黒川さんはどう思ってたんですか？」

「正直、タバコも吸い出すし、注意すると無視して一言もしゃべらなくなるんですよ。僕のいまの器《うつわ》では女の子はまだむずかしいな、というのを実感させられました」

「女子の受け入れは佳奈が初めてですか？」

「初めてではないけど、佳奈に限らず、うちにくる子はみんな家庭崩壊、児童虐待《ぎゃくたい》、性的虐待経験者なので。そういう点で養育や家庭教育ができていないんですよ。

佳奈も当初、ここに入りびたって、僕らが会議をしているのにツカツカ入ってきて、大音量でテレビを見るんですよ。そういうことがわからなかったりとか、ちょっと加減して音を出すとかってできなかったり。幼少期の愛育というか養育というかしつけですよね。やっていいこと悪いことが判断できていない子が多いです。もうめちゃくちゃですよ。

うちは男の子を引き受けることが多かったので、女の子特有の急にしゃべってくれなくなったりとか、部屋にも入れないことあるし。母親になれないんで、とにかく大変」

出院のときに法務教官が、「育て直し、育ち直し」といっていたのを思い出す。

私たちは、これくらいできて当たり前という社会基準を相手に押しつけるけれど、本人はやらないのではなく、知らないのだ。

以前、少年院の外で出会った中学生の女の子に「靴を揃《そろ》えてね」と声をかけたら、かかとを揃え、靴をVの字にして脱いだ子がいた。彼女は靴を揃えるということを知らなかった。箸《はし》の持ち方を知らない子、横断歩道の渡り方を知らない子もいた。自分の当たり前は基準にならない、自分の「普通」という常識を相手に押しつけてはいけない、とそのときに思った。私には教えてくれる人がいたから身についているだけで、誰も教えてくれる人がいなかったら、できないのが当たり前だってことだ。

黒川さんの話を聞きながら、支援をするということはこんなにも大変なのだということを痛感した。

黒川さんは、今後しばらくは女子の受け入れをやめるつもりでおり、それは保護観察所に伝えてあるという。

「保護観察所にはなんと？」

「引き受けることで逆に彼女を不幸にしてるかもしれないので。今回はできるだけやりますけど、って話しました」

佳奈は、出院して1ヵ月で美容院と鳶の仕事を辞めてから2～3ヵ月くらい職のない日がつづいた。そのあいだ、良心塾でやっている農園に行ったり、車のイベントに行ったりはしていた。コミュニケーションはとれていると黒川さんはいうが、はたしてその気持ちは佳奈に届いているのだろうか。

このときは、黒川さんと一緒に面接にいった建築関係の仕事に通っていた。黒川さんの知り合いが紹介してくれた会社で、理解あるT社長が佳奈を引き受けてくれたそうだ。通いはじめたころ、体調不良を理由に早退ばかりしていたという。そんな状態にまわりの社員が振り回され、もう勤務は無理かと思ったが、本人のつづけたいという意志を社長にもう一度伝え、そこから2週間頑張れているところだ。試用期間が過ぎたら、会社の寮に入り正規雇用されることになっている。佳奈は少しだけだけど前に進めているようだ。

黒川さんに、佳奈のこれからについて、どう考えているのか聞いてみた。

「たった、ひとり、彼女に寄り添える人、彼氏なのか親代わりなのかわからないけど、たったひとりがいたら彼女は大丈夫だと思う。

彼女の子ども返りの部分を受け入れて承認してくれる人がいたら、何の問題もないと思う。それが、いまの俺にはできない。ずっと寄り添ってくれる人がいたら、犯罪することも死にたいということもないと思う」

「佳奈がまたうまくできなければ、ひきつづき黒川さんが支援していく覚悟《かくご》でいるということですか?」

「うちは更生保護施設ではなくて、自立支援の期間限定の1年間という形でやってるから……」

黒川さんがさっきいっていた「僕のいまの器では女子はむずかしい」という意味がわかった。

黒川さんの良心塾は中間支援施設という位置づけであり、更生保護施設とは異なる。こうした制度の問題に加え、黒川さんのように支援する側にもお金、人員、時間などに制限があり、24時間休みなく動いていても限界はある。

とにかくあと半年。半年ほどのあいだに佳奈はここを出ていかなくてはいけない。厳しい現実が待っていた。

黒川さんと佳奈のすれ違いは、どこからボタンのかけ違いがはじまってしまったのか。この状況で佳奈は自分の道を進むことができるのか……。

「なんでうちだけ手放すの⁉」

それから1ヵ月後の8月中旬、黒川さんから佳奈に退去通告を出したと連絡が入った。私は急遽《きゅうきょ》、ひとりで大阪に向かった。

「寮のお金を入れない、部屋を片付けない、約束を守らない、だから出ていってもらうってこと？　それって勧告じゃなくて通告なわけ？」

私はまくし立てて、黒川さんに詰め寄った。

良心塾にもみんなが生活するための最低限のルールがあり、そのルールをまったく守らない佳奈には出ていってもらうことにしたという。最低限のルールとは、仕事をし、寮費を入れる、部屋をきれいにする、他人に迷惑をかけないなどだ。

たしかにルールを守ることは必要だ。だけど、佳奈は帰る家も行くあてもない。それは黒川さんも知っていることだ。しかし、黒川さんの答えは、

「そうそう。あいつは自分で放棄したんだ。これから良心塾ではそういうところをやめようと思う」

そういうところをやめるというのは、ルール違反に対し厳しくしていくということだ。

養育や家庭教育ができていないことは黒川さん自身がいっていたのに、どうしていまさら厳しくしていくというのだろう。それらを含めて、育てていくつもりじゃなかったのか。

「じゃあさ、鍵返してもらって、それで彼女は明日からどうなるの？」

「本来のことをやろうとしない、あいつが悪いっていったらあいつが悪い」

佳奈は18歳。ひとりで生きていくのには厳しい状況であることは、黒川さんだって百も承知のはず。犬や猫じゃないんだから、引き取ります、ルールを破ったから出ていかせます、なんて勝手すぎる。自分の子どもだったらそんなことは絶対しないはず。

そんなふうに感じている半面、じゃあ自分はどうなんだ。黒川さんのように自分のお金と時間を割《さ》いてまで他人のためにできているのか……。

結局、私だって本当の意味で寄り添えていない。そう思うと、自分の思いが自分勝手だと思えた。黒川さんに正論を投げかけることも、自分の考えをいうこともできない。自分はずるい。

夕方になり、佳奈の仕事が終わる時間に合わせて、女子寮のマンションに行った。佳奈はまだ帰ってきていなかったが、了解を得て中で待たせてもらうことにした。

女子寮は２階と３階が住居スペースになっており、２名が入居できるようになっていた。広さは８畳くらい。いまは佳奈だけが入居している。

部屋にはゴミ袋が二つほど転がっている。服が散乱していて、布団《ふとん》は敷きっぱなし。ゴミは弁当の容器が多いので自炊はしていない様子だが、悪臭はなく、女の子の部屋の匂いがした。

黒川さんがいうように部屋は汚いとはいえるが、女の子を育てている私にとっては、女の子の部屋ってこんなものかな、と思う範囲の汚さだった。

私の娘の場合、部屋が汚いときは、一緒に片付けをしたり、いる物といらない物の選別を一緒にしたりしているうちに自分なりの片付け方を見つけて、片付けられるようになっていった。それでも汚いときは汚い。

佳奈には一緒に片付けをしてくれる人はいるのだろうか。佳奈は物心がつく前から児童養護施設にいて、中学卒業後には寮つきの美容院に就職。その後少年院に行っているが、これまでの人生において自分だけの空間というものを経験したことがないに等しい。施設、少年院で片付けをすることはあるが、限られた場所と限られた物しかない。自分のルールを押しつけるのではなく、本人のルールを自分でつくらせればできるんじゃないかなと思った。

しばらくすると、佳奈が帰ってきた。時計を見ると21時を回ったところだった。

「おかえりー。今日泊めてねー」

今日は佳奈の部屋に泊まって、女子会をしながらいままでのこと、これからのことを話す予定だ。

佳奈と敷きっぱなしの布団の上に座り、タバコに火をつけた。

「なんだか大変なことになってるって聞いてあわててきたんだけど、自分、内容わかってんの？」

「あの、クソじじい」

佳奈が吐《は》き捨てるようにいった。

「なんでクソじじいになったの？　出る前はよくしてくれてさ、そこに行こうと思ったんじゃん。頑張るっていってたじゃん。なんか違ったの？」

「急にコロッと変わるし、あいつ。意味わかんない」

「ねえ、佳奈。ここ出ていかなくちゃならないって聞いたよ」

　吸っていたタバコを消し、佳奈は布団の上にごろっとあお向けになった。ミニオンのぬいぐるみを抱っこし、背中を丸めて横を向き、いまの状況を話しはじめた。

「いま働いているところ、９月10日まで試用期間なの。９月10日過ぎて正社員になったら会社の寮に入る予定なんだ。それまで頑張るっていってるのに、あのクソ野郎が約束守らないなら、いますぐ出ていけみたいな感じでいうけん」

　この女子寮は男子禁制だけど、しょっちゅう男子を部屋に入れてしまうこと。電気、エアコンもつけっ放し、ゴミをためたり、タバコなど、佳奈はそういった約束を守っていなかった。

「あいつ、うちに当たりすぎなんだって。仕事できたやつは自立しろ自立しろってどっかに行かせるじゃん。意味わからん。仕事してないやつにはやさしくして、金渡して、意味わからん。それでうちのことだけ責めるやろ」

「現状はどうなのよ。明日から家なき子になっちゃうってこと？」

「わかんない。たぶん。いつ出てけとかいわれてないし、帰ってきて荷物もなくて、入り口とかに出ていってくださいって書いてあったら、マジでここ燃やすからって」

「それはないでしょう」

試用期間だという会社は、このあいだ「いまの仕事は頑張れてるよ」といっていたT社長の会社のことのようだ。9月10日まであと半月、あと半月たてば正社員になり、いまいる女子寮ではなく会社が寮を借りてくれるってことらしい。佳奈は今日、黒川さんにそれまで頑張るとお願いしたが、聞いてもらえなかったそうだ。

「仕事頑張っているのに、遊ぶのダメとか意味わからん」

「いま、不安に思うことは」

「めっちゃ不安」

「自分の身がどうなるか？」

手で顔をおおい、表情は読み取れないが、雰囲気から不安が感じられる。

「そう。だってあいつ、手放そうとしてるじゃん。まだホゴカン（保護観察）の期間があるのに。ホゴカンが終わるまでの約束だったのに、なんであいつ守ってないって話やんか。なんでうちだけ手放すの!?」

せつなくなった。その手を放されたら、佳奈はひとりになってしまう。

「こういうのって決定なの？　話し合いはないの？」

「ない。勝手に荷物まとめられて、出てけっていわれても困るよ。意味わからん。ほんまあいつ、人前でいい顔しやがって」

　黒川さんは完全に敵扱いになっていた。佳奈の中では、こうなった原因は黒川さんになってしまっているようだ。

　黒川さんはどうにかこの1年間で佳奈に自立できる力をつけさせるために、一生懸命やってきたのだろう。泣いてもわめいても、1年たったら出ていかなければならない。しっかりした職と住まいを確保できるようにと必死なのだ。しかし、それが佳奈に伝わっていない。

　佳奈が望むものと、黒川さんが先を考えてやっていることは完全にすれ違ってしまっている。

　佳奈は、いったい何を望んでいるのだろう。そしてそれは誰が与えられるのだろうか。

「ママは相変わらず？　手紙とかきた？」

「1回手紙きた。返信書いたけど、あいつがどっかにやった。あたしを捨てたクソばばあだし、どうでもいい」

　手紙には大阪で頑張ってね、という内容が書いてあったといっていたが、佳奈は母親に何の期待もしていないようだ。

「榛名《はるな》からここにきて、思っていなかった現状が待っていたってこと？」

「そう、あいつのせいで、また大人なんて信じられなくなった」

「あと少しで自分も大人になっちゃうじゃん」

「うちは絶対ああいうやつになりたくないから。ああいう大人、マジで最悪だ」

「どういう大人がいい大人？」

「いい大人に出会ったことがないから」

鋭い答えだと思った。生半可《なまはんか》な言葉なんかより実感があった。そしてこの言葉はさびしかった。これからを生きる子どもにこんな言葉をいわせてしまう社会なんだ。

「さっき、大人を信用できないっていってたじゃん。榛名から出るときは、もしかしたらこの大人なら信用できるって思った？　黒川さんも少年院の先生も、一時《いっとき》は信用していた？」

「してない」淡々《たんたん》と答えた。

「それって自分と向き合ってくれないって感じるの？」

「そうそう。どうせ大人は最初だけ信じさせて、あとで裏切るってわかってるから、最初は信じさせるってかな」

「信じたふりをするってこと？」

「そう。あとから、あいつ裏切った、やっぱりな、みたいな」

「信用しないのは裏切られるのがこわいから？」

「裏切られるの、全然こわくない」

言葉がなかった。佳奈はずっと孤独なんだ。

いままでの人間関係が佳奈にそう思わせてしまうのか。佳奈は嘘《うそ》をつく大人に幻滅していた。

深夜に寮を追い出される

深夜23時半ごろ――。

佳奈と布団で横になっていたら、黒川さんが寮にやってきた。ノックの音が響き、鍵を開けると、黒川さんが入ってきた。

「もう今日からここは閉めるから、出ていくように」

そういったあと、部屋を見回し、転がっているゴミ袋をまとめはじめた。

いきなりの登場にも驚いたが、この時間に出ていけって……。

「いまから出ていくのは無理だと思うから、良心塾のほうに行ってくれ」

今日は佳奈の家に泊まるっていっておいたのに、どうしてこのタイミングで退去させられるのか、まったく意味がわからなかった。

佳奈を見たら、黙《だま》って下を向いている。黒川さんと目も合わせない。口論になるかと思っていたが、佳奈は小さくなっていた。

いままで話を聞いていて、佳奈は黒川さんに対して、ふてぶてしい態度や反抗ばかりしているのかと思っていたが、それは違うのかもしれない。

黒川さんの指示どおり、身のまわりの荷物をまとめて、私と佳奈は良心塾に行った。

黒川さんは先を歩いていたが、振り返ることもなく、会話は一言もない。

佳奈の部屋から運んだ布団を良心塾の床にバサッと置き、黒川さんは振り向いていった。

「聞いといて。これからのこと真剣に考えんと。いつまでも愚痴《ぐち》ってってもしゃーない」

佳奈は壁側を向いたまま、黒川さんのほうを見ようとしなかった。

黒川さんは椅子を片づけたり、テーブルの上の書類を整理したりして、落ち着きのない様子だ。

「もうあそこの寮は俺が片づけて俺が住むから。どっちにしてもあそこ解約するから。まともに話ができるようになったら、連絡してこいよ。話だけなら聞くから。自分で責任とれるんだったら何してもいいから。自由と無責任はちゃうで」

黒川さんのいう「まともに話ができるように」という言葉を、私はそっくりそのまま黒川さんに返したいと思ってしまった。

佳奈は最初からまともに話しているのに、まともに向き合っていないのはどっちなんだと思った。それで、連絡してこいって、明日からこの子がどうなるのか、考えているのだろうか。何か考えがあってのことなのだろうか。私自身もこの状況を理解できなかった。

黒川さんが良心塾を出ていったあと、しばらくすると佳奈も玄関から外に出ていった。追いかけて出てみると、佳奈は良心塾の入り口前でタバコを吸っていた。

「どうするか。これから……」

「むりだろマジで」

佳奈は、吐き捨てるようにいった。

深夜の商店街は静まりかえっていた。外に置いてあるジュースの自動販売機の音だけが響く。

道に向かって石を投げる。携帯をいじる。行動に意味はなくて、何も考えられない状態だろう。タバコの灰が落ちそうになっていることにも気づかない。

「ねえ、佳奈。いま何考えてるの？」

「明日、死ぬべ」

25時を回っていた。明日はとにかく仕事に行くといい、佳奈は事務所のコンクリートの上に敷かれた布団の上で横になった。

「保護観察あとどれくらいあんの？」

「来年の2月まで」

「ちゃんと手続きしないと、どっかに行けないね」

「逃げる」

保護観察期間中は決められた居住地にいなければならない。なんらかの理由で引っ越しをする場合は、保護観察所からの許可と手続きが必要となる。

「明日、仕事行ってそのまま飛ぶってこと？」

「荷物は取りにくるかな。その荷物持って飛ぶわ」

「こんな状況でも明日仕事行くんだ？」

「うん」

「社長いい人なの？」

「うん。辞める前にちゃんといっておきたい」

「さっきいた寮はもうダメだって黒川さんはいってたけど、もう少しじゃん。あと半月、どうにかいまのところで仕事をつづけてられるんだったら、そういう方向で考えたらいいんじゃないかなって。私思ったり」

「無理だよ。住むとこないし。ここは男子寮だし。何されるかわからないし」

「そっか……」

佳奈は何を望んでいるんだろう。

「ねえ。佳奈的には、T社長のところで住むところを借りてもらえるまではここにいて、９月10日以降に住むところ借りてもらってそっちに移動するっていうのがいちばん理想なのかな？」

「そう。でもあいつは、ほかの仕事を探せばいいとか。バカ。ほかの子には部屋を借りあげてるのに、うちはダメ。マジでクソだ」

「ムカつく、いやだってのはわかったけど、いまは自分が損をしないことを考えるほうがいいと思うのね。いま飛んでも、どこかで働かなきゃいけない環境は同じだし。合う職場に就職できるかもわかんない状況じゃん。そういったことを考えたら、９月10日まで黒川さんにお願いするってのもありじゃない」

佳奈は答えない。

「明日の朝、一緒にお願いしてみない？」

「あいつには絶対お願いしたくない！」

「そこはきみが大人になってさ」

「大人になんてなりたくない。昨日だってきちんと伝えたんだ。10日まで頑張るって。もうやだ」

そこまで話して佳奈は眠りについた。

「おやすみ」

佳奈の頭をそっと撫《な》でた。明日を不安で迎える夜、そして朝がくる。

いま、ここで苦しんでいる子に手を差し伸べることができない自分が情けなかった。

「昼間の福祉より夜の福祉のほうが充実している」誰かがそういっていた。

虐待、家出の子どもを保護しようとしたら、行政の手続きでは早くても2日はかかる。だが夜の福祉は、声をかけたらその場で連れていき、職と住まいを提供する。その仕事は風俗だったり、援交（援助交際）だったりだが、今日を生きることができない子どもに選択の余地はない。自分で生きていかなくちゃいけないのだから。

こういう生きにくい世の中が、子どもを犯罪につなげてしまうんだ。

あと少し、寄り添うことができれば……

翌朝、良心塾で、佳奈と黒川さん、良心塾関係者のGさん、保護司さんの4人がテーブルで今後について話し合っていた。

カメラを回したまま、入り口からそっと入り、撮影をつづけた。

いつから話し合いをしているのか、それともずっと沈黙《ちんもく》状態なのかわからないが、室内は静まり返っている。なんとなくよくない雰囲気だけは感じた。

Gさんが口火を切った。

「ものすごくシンプル。お前がいままで生きてきたのと違う生き方をするなら、俺たちはどんな手も貸すから。そうじゃないんだったらバイバイするしかない。それをお前が決めなさい」

佳奈は下を向いている。

Gさんは教員経験があり、少年たちの指導のために良心塾にきたと聞いている。黒川さんより少し若く40代前半だろうか。髪をオールバックにし、口ひげを生やしている。しゃべり方は先生っぽく、上から目線に聞こえるのは私だけだろうか。お前なんて呼ばれたら、私だったら振り向きもしない。

つづけて保護司さんが「いままで助けてもらった気持ちはわかってる？」。

やさしい口調でしゃべる保護司さんは60歳すぎのおばちゃんで、佳奈は保護司さんの言葉にはうなずくなどの反応をしていた。ただ、私は「いままで助けてもらった」という言葉がとても気になった。

選択肢《し》はこれまで佳奈になかったのに……と。

佳奈は、自分の意思とは関係なく児童養護施設にあずけられた。少年院に行くことになった理由は佳奈にあったとしても、そこから出院するためには誰かを頼るしかなく、自分を引き受けてくれる人が必要だった。自分の進みたい方向ではなく、決められた枠《わく》の中で進むしかない。

保護司さんがいうように、助けてもらったということもできるが、帰る家のない佳奈が少年院から出院するには、黒川さんのところに行くしかなかったと、私は思ってしまう。状況を知っている人がこの言葉をかけているのを聞いて、佳奈の気持ちに寄り添っていないように思えたからだ。

保護司「いっぱいいいっぱい世話かけたんやから、自分がどうしたいか言い？　どうしたいんか、わからん？」

佳奈のすすり泣く小さな声が聞こえる。

Gさんが迫る。

「自分で決めろ。自分でどっち行くか決めろ。そうじゃなきゃずっと黒川さんのせい、俺のせい、保護司さんのせいになるから、自分で決めなさい。時間はあげるので、自分で決めなさい。こっちに来たいんだったら、いくらでも助けてあげる。みんなが助けてあげる」

佳奈は一言もしゃべらない。いわないのか、いえないのか……。

聞いている私がテーブルをひっくり返したくなった。「助けてあげる」なんて恩着せがましい言葉、聞きたくない。私にはＧさんは自分の思いだけを機関銃のように佳奈に浴びせているようにしか聞こえなかった。

Ｇさん「自分じゃなくて環境のせいにしたら、お前同じところをぐるぐる回るだけやぞ。変わらないぞ。人のせいにして環境のせいにしてたら。しゃーないやん、そういうふうに生まれてきて、そういうふうに育ってきたんやからしゃーないやねんて。それでどうすんねん？　どうしたいねん？」

これまで黙っていた黒川さんが口を開いた。

黒川「そんなお前の境遇《きょうぐう》とか、みんな同情してな、なんとかしたいと思うけど、どっちみち自分の足で生きていかなきゃあかんねん。どっちみち。それが早いか遅いかやねん。過去はどうしても変えられへんねん。生まれたら、子どもは親を選ばれへんし、環境は変えられへんねん。でもな、今と未来は自分次第でなんとでも変えられるから。べつに変えなくてもええねん、その人にはその人の人生があるから。格好も変えんでいいし、自己アピールやねんから。

ただ、人にだけは迷惑かけないで生きぃ。人に迷惑かけることだけはやめんと。自分ではまったく迷惑かけてないつもりでもな、やっぱり一般的に仕事して家賃払わんとな、好き放題やってるっていうのは迷惑かけてるねん。クーラーいつもつけっぱなしで、自分が電気代払ったらわかるわ、電気代ってこんなにかかるねんて、当たり前を。

言い方悪いけどな、施設に入って三食出てくるのは、税金やからな。これってみんなの税金やから。そりゃそういうところに行かなきゃあかんかった境遇は仕方ないけど、それさえもほんまに感謝したらな。当たり前じゃないから。日本におるから三食出てくんねんで。これ、社会の協力があって成り立ってんねんで」

佳奈はしゃべっている黒川さんのほうを見ようとはせず、ずっと下を向き、涙を流していた。

Gさん「黒川さんはどちらかというと、お前に近い生き方をしていて、ある日、そういうのじゃない生き方をしたいと思って、違う生き方を選んだわけだ。お前どうするの？　この状況を」

黒川「まだまだ18で、自分次第でどこにでも行ける。ましてや若いってな、なによりも特権持ってるねん。みんなかわいがってくれる。『おはようございます、ありがとうございます』これをいうてるだけで、ほかに何もいらん。これだけで人生、絶対ひらけるから。人生ってめっちゃシンプルやねん。自分からめっちゃからませてるけど。『おはようございます、ありがとうございます、ごめんなさい』やってみぃ？」

黒川さんが畳《たた》みかける。

「お前、自分にマイナスになるようなことばっかりしてる。人の悪口いうたり、虚言《きょげん》したり、物事つくったり。今日俺なんか読んだら書いてあったわ、因果《いんが》の法則で、人の悪口をいうとか全部マイナスや。それが積み重なって人生マイナスになっていくぞ。マイナスから大変やで。

でもニコッと人に挨拶する、人を許すってだけでプラスになってた。挨拶だけでもプラスになってたわ。その一点一点積み重ねてみぃって。さっきもいったけど、すっぴんのほうがよっぽどかわいいわ」

保護司「こういうふうにいってくれる人がいるうちが花やでって、私はいうときたい」

黒川「25～26になって同じことしてたら、誰も相手してくれないで」

保護司「考えてみぃ、ちゃんと支援してもらってるのをちゃんと心に受け止めて普通にいくか。自分の好きなように暮らしたらええってことは、バンッて放り出されることやで」

黒川「追い出すんじゃないですよ。自分で選んで」

保護司「頼れる人が自分しかいないっていうんやったら、それほど強い気持ち持ってるんやったら、それでいい。それもええ勉強っていったらええ勉強やろうけどな。後押ししてくれる人に応《こた》えられるというのが私の希望や。そういうふうになってくれればいいけど。心配してくれる人がいるっていうのは幸せやで。そやろ？　だからそんな人に対して、悪口や批判することは絶対ダメよ。なにがあったって」

黒川さんも保護司さんも悪口をいってはいけないと佳奈を諭《さと》しているが、いま聞いている限りでは佳奈は一言もしゃべっていない。いったいいつの話をしているのだろう。話が一方的すぎて、佳奈がいわれていることを理解することがむずかしい状態だった。

ただひとつわかったことは、佳奈は選択を迫られていて、それは良心塾を出ていくか、それともいままでの生活を改め、ルールを守った生活をしていくかのどちらかだということだ。

保護司「行くところがないっていうなら、ここにでも置いてもろうてさ。黒川さんがあなたにしてくれはったことを考えてさ。してもろうたことって忘れるやん、みんな。もう一回思い出し。な？　ほんなら、自分じゃ無理と思ったら、自分の道へいけばいいし。支援してくれはった人に応えようと思ったら、それこそ窮屈《きゅうくつ》なことがあったとしたって頑張らなあかんと私は思いますけど。

じゃ帰るね。元気だしよ。そんなピーピーピーピーピーしとったら、よけいあかんし」

保護司さんは次の予定があるらしく、話の途中で席を立った。そのタイミングで話し合いは終わった。

そして、その後、佳奈は良心塾から姿を消した。

私は2度目の逮捕をされたとき、もう一度人生を生き直したいと思った。

それは、自分のことを思ってくれている母の気持ちを知ったことと、信じてくれる大人の存在があったからだった。信じてくれる大人がいるということは、自分の存在を受け入れてくれていることだと感じた。

そして母の気持ちを知ったとき、自分はけっしてひとりじゃなく、支えてもらっている存在なのだとわかった。もし、このときの佳奈のように自分の気持ちを伝えることもできずにいたら、もし、自分の存在を確認することができなかったら、いまの自分はなかったかもしれない。

黒川さん、Ｇさん、保護司さんのいっていることはもっとものことであって、思いがあっての言葉だったと思う。社会には、見向きもしない人が多いなか、どうにかしたい、と思う気持ちで動いてくれている人たちだから。

でも、これが佳奈ではなく私だったとしても、やはりこの場所から逃げ出していたかもしれない。だって、ここに居場所を感じることができないから。
このときの正しい答えは、わからない。ただ、佳奈の気持ちだけは理解できる。
佳奈の人生に、もう少し寄り添うことができれば……。そう思うとやりきれない。

第3章　何かが満たされなかった

――美和・18歳（パパ活・ホスト通いの虞犯《ぐはん》）

虞犯少年として少年院送致

「えっ、６００万⁉」

「はい。ひとりのホストに使ったお金です」

彼女の名前は美和《みわ》（仮名）という。現在は18歳。少年院にきてあと1週間で1年になる。

「なにかの間違いかなって。判断している人たち、おかしいんじゃないかって。非行についてては、なんも悪いことしてなかったのに、なんでだろうと。少年院ってこんなに簡単に行ける場所なのかなって……」

美和はほかの子たちと違い、逮捕されてここへきたわけではない。虞犯《ぐはん》でここへきた。

虞犯少年とは、将来、罪をおかす虞《おそ》れがある20歳未満の少年のことである。非行少年の早期発見の観点から、家出や援交などをくり返し、将来、刑罰法令に触れる行為をするおそれがある少年は家庭裁判所の審判に付《ふ》される。

美和の場合、家庭裁判所の判断で少年院送致となった。

裕福な家庭で育ち、高校は進学校に通っていた。非行とは無縁の生活を送っていた美和が、どうして少年院へ来ることになってしまったのか。

知的でかわいらしい顔のほかにどんな顔を持っているのだろう。そう思わせるような雰囲気だった。

美和へのインタビューは３回おこなった。２０１８年６月半ば、最初の取材のために用意された部屋は、現在は使用していない寮で、家でたとえるならリビングのような場所。日当たりがよく、明るい。壁には掲示物や掃除当番表が貼《は》ってあったりして教室のような雰囲気もするが、もちろん入り口は施錠《せじょう》され、窓には鉄格子《てつごうし》がはめてある。

エアコンは規定の温度にならないと使うことができず、うっすら汗ばみ、窓からの風が待ち遠しい陽気だった。外からは草刈り機の音が聞こえてくる。

美和は３人きょうだいのいちばん上だった。弟と妹は二卵性の双子。小さいころの思い出を聞くと、

「幼稚園の年長さんのときに、おじいちゃん、おばあちゃんと家族でハワイに行った記憶があります」

美和の家は両親と子どもたちの５人家族で、父親は、「怒るとこわいけど、ふだんはやさしくて欲しい物を買ってくれた」。

母親は、「小さいころはすごい厳しかった思い出があります。みんながゲーム機を持ってて、私も欲しかったのに、買ってくれなくて。本を読みなさいって本ばっかり読まされてい

ました」。

双子の弟、妹は、2歳年下で現在は高校生。妹はカナダに留学しているそうだ。

母からはいつも本を読むことと外で遊ぶことをいわれ、当時欲しかったゲーム機を買ってもらえなかったことに対して、いまでも不満に思っているようだ。

「小さいころは、こんな母親にだけはなりたくないって思ってた」

土日になると、両親とともにアウトドアや山登りにいった。聞いていると理想的な一家の団欒《だんらん》ぶりがうらやましくなってくる。だが、本人は行きたくない気持ちのほうが強かったらしく、行きたくないと反発しても無理やり連れていかれたと話す。

中1のとき、ある日、突然、父から別居を告げられた。

「突然違うところに住むっていわれて、びっくりしたのを覚えています。お母さんが反対していたゲーム機をお父さんが買ってくれたのがバレて、それが理由かと思って……」

美和は、両親が別居することになるほど仲が悪いと思っていなかったため、最初は、自分のせいだと思った。

それから父のいない生活がはじまった。しかし、以前から父は朝帰りしており、あまり家にいなかったので、生活はそれほど変わらない感じだった。週末に出かけることがなくなってラッキーってくらい。むしろ、両親の喧嘩《けんか》を見ることがなくなったことは、美和にとってよかったことだった。

振り返ってみるとその時期に、父と母が喧嘩しているのをよく目にした。父がいないときの母はいつも機嫌が悪く、泣いている姿も見かけた。

母が離婚届を持っていたときは衝撃《しょうげき》を受けたと話している。原因は父の浮気。その事実は父が家を出てから数ヵ月後に、母から聞いた。

美和はこのときのことを「信じられなくて。それを現実として受け入れられなかった」と話しているが、それから６年たったいまでも離婚はしておらず、別居中だが週末に一緒に出かけたり、旅行にもいく。少年院の面会も両親で来てくれる。

そんな家族関係を美和は「なにも変わらない」と、それなりに受け入れているようだ。

私もそう思う。家族の形はそれぞれでいい。

夫婦の問題に振り回される子どもはかわいそうだが、いつもいつも喧嘩をしているのなら離れることも必要。浮気してもいいというわけではないが、一緒に生活するだけが幸せじゃないと、私は思っている。

美和はそういった部分では大人だなと思った。

ホストクラブ代は「パパ活で稼いでました」

小学生のときは母のいうとおりに本を読み、勉強し、テストはいつも100点だった。まわりの友だちがスマホを持ちはじめたころ、美和はなかなか買ってもらえず、中2のときにやっと購入してもらった。そのころはジャニーズの追っかけに夢中で、お小遣いはグッズやライブに消えていった。

ネットで知り合った同世代や年上の追っかけファンと友だちになり、チケットの転売を教えてもらった。チケットを転売すると月何万円かになり、そのお金でまたグッズやチケットを買う。まわりのジャニーズ好きはみんなそうしていて、美和にとっては当たり前のことだった。

中3になりまわりが進学を気にしはじめたころ、美和は行きたい高校もなく、まだジャニーズに夢中だった。夏休みになって、父からある提案をされた。

「高校に受かったら、ごほうびに整形させてあげる」

容姿にコンプレックスがあった美和は二重《ふたえ》になりたい一心で、スマホをシャットアウトし、勉強に集中した。受験1ヵ月前は学校に登校せず缶詰め状態でさらに猛勉強し、みごと偏差値65以上の進学校に合格した。

高校は大学の付属高校だったのでそのまま大学に進学できるし、勉強からの解放感でたくさん遊び、高校生活を満喫《まんきつ》していた。

「たくさん遊んだって、どんな遊び？」

「普通です。ゲーセン行ったり。でも、試験前になると遊んでくれる子がいなくて退屈《たいくつ》でした」

美和は制服を着て学校に行く生活に、物足りなさを感じはじめていた。

「彼氏もできたんでしょ？」

「向こうからいってきて。３～４ヵ月付き合ってました」

冷めた言い方が気になった。

「好きだった？」

「そんなに」

思いがけない返答に言葉が出ず、間があいてしまった。美和が沈黙を言い訳するようにしゃべりだした。

「私、身につけるものとかブランドが好きで、彼氏にもブランドを求めていたから。彼氏には頭のよさを求めて、あの学校に行ってる彼がすごい、あの高校の人と付き合ったらいい、みたいな。その中でもいちばんすごいっていわれていたのが彼氏の高校で。ブランド力を重視しているし、彼のうちはすごいお金持ちだし、そういうところに惹《ひ》かれた」

開いた口がふさがらないというか、あっけにとられてしまったというか。やさしいとか勉強ができるとかスポーツができるとか、好みを聞くことはあっても、男をブランド力で決めていたと聞いたのは初めてだった。

「セカンドチャンス！」で活動をはじめて10年、いろいろな少女の話を聞いてきた。それぞれ育った環境も年齢も違ったが、どこか共通する部分があった。犯罪の傾向や種類は違っていても、そこにいたるまでの背景や心情に重なるところがあった。

ひとりで過ごした幼少期や仲間の裏切りなど、自分と同じような経験に心情を重ねたり、その背景に共通点を感じたりするのだが、美和にはそういったものを感じることがなかった。

昔の言葉を借りていえば、美和は私にとって「新人類」だった。

裕福な家庭で育ち、非行もなく普通の女子高生だった美和。少し違うのはいつも刺激が欲しかったこと。

「平凡な毎日がつまらなくて、普通の一般的な高校生がやらないようなことをやってみたい」

美和はそう思いはじめていた。

「一般的じゃないってどんなこと？」

「ホストクラブです」

夜の世界はキラキラと輝いて見えた。

「ホストクラブってお金かかるよね？　それはお小遣い？」

「パパ活で稼《かせ》いでました」

パパ活は援助交際みたいなもので、美和にいわせると援交というと悪いイメージだから、パパ活という。パパ活はネットで知った。

「パパ活ってどんな活動するわけ？」

パパ活は出会い系サイトで相手を見つけ、お小遣いをもらう。基本、代価は身体。

「私、そういうのあんまり抵抗なくて……」

「こわいとかなかったの？」

こわいより興味のほうが強かった。本当にお金もらえるのかな、と軽い気持ちではじめたという。バイトで必死に働いても月に６万円。パパ活をすればすぐに手に入る。普通に働くより楽にお金を手に入れることができた。

「パパ活しているとき、彼氏は？」

「べつに。罪悪感とかないから」

彼氏を裏切ってしまったことに対しては「なんにも感じないんです」といっていた。そもそも裏切ったという感覚さえなく、いう必要がないからいわないだけ。なんでいわなかったの、と聞くと「軽蔑《けいべつ》されるから」。軽蔑される行為であることはわかっていても、裏切っている感覚はなかったという。

「いちばん初めにセックスをお金に換える知識を得たのはネットのパパ活から？」

「いいえ、違います。みんな知識として持ってるんじゃないですか。知識があっても実行することにまわりは抵抗あったみたいだけど、私は抵抗がなかったから」

美和は言葉を選ぶということもなく、聞かれたことに淡々《たんたん》と答える。

「抵抗がなかったのはなんで？」

「私も自分がよくわからない。むしろ若いうちしかできないことだから、頭いいというか賢《かしこ》いというか。そんなに抵抗がないんですよね」

友だち100人つくりましょうとか、誰とでも仲良くしましょう、というのとはワケが違う。初めましてこんにちは、でセックスをすることに抵抗がない美和がわからなかった。

正直、混乱してしまっていた。

高校生でホストに使ったお金、600万円

とにかく話を進めなければ。

「そのホストクラブはさ、なんで行くようになったの？　きっかけは？」

「ユーチューブでホスト見てて、かっこいいなって思ったんです。新宿で遊ぶことが多くて、歌舞伎《かぶき》町を歩いているときにキャッチされて。初回500円だし、好奇心で。高2のときです」

　パパ活もホストもネットか。私の時代と違って現代の子どもは生きるのに大変だな、便利のすぐ裏側に刺激も危険もあるのだから。

「ホスト楽しかった？　ハマった？」

「はい」

「で、ホストにはいくら使ったの？」

「600万くらい」

「えっ、600万円⁉」

　金銭感覚はどうなってしまっているのだろう。

「お金を払っている自分が好きっていうか、そのために頑張れる」

　あちこちでシャンパンコールが鳴り響くなか、美和もまたシャンパンを入れる。

　まわりの客が大盤《おおばん》振る舞いしているのを見ると、負けず嫌いだから私も、という感じでさらにお金を使う。お気に入りのホストをナンバーワンにしてあげられるのは私だけと信じ、客と客とが使うお金を競い合う。

一回の支払いは30万円くらい、ツケがたまり、あとで返したお金を含めて６００万円になった。

自分に何の見返りもないことも重々承知していたというが、お金を使うことがホストへの自分の愛情表現だった。そのために頑張れる。そのためにパパ活を頑張れるということだ。

「パパ活のパパは毎日探すの？」

「探すときもあるけど、同じ人と何回かとか、それが5～6人。それと月に20万くれる人が5～6人いたかな」

パパはだいたいが50代の男性で、ときにはいやだって思うこともあったという。

私だって、ずっときれいに生きてきたわけじゃない。しかし、

「大切にしたいと思った人ができたら、ほかの人とはいやだと思うんだけど……」

思わず、口に出してしまった。

「いちばん大切な人はホストだったので、その人を支えるためならって思っていました」

理解できないけれど、もうこれは自分の感覚で話を受け取ったらダメだなと思った。

美和的には、パパ活をしていることに対し、風俗じゃないからいやになったらやめられる、自分は働かされているのではなく、進んで働いているという認識でいたようだ。

「そのとき頭おかしかったかも。１ヵ月にいくら稼げるかメモってて。その月の次の月はもっとこうしようとか。強迫的にお金稼がなきゃっていうのとかあったかも……」

美和はホストを愛しているというより、ホストのためにこれだけ貢《みつ》ぐことができる自分が好きだったのではないかと私は思った。

セックスをお金に換えて、すべてをホストに貢ぐ。どちらにせよ、もう何も見えていなかったのかもしれない。

「べつにさびしさを埋めるためとかじゃなくて、日常がつまらなかったんですよ。いま思い返すと、それが幸せだったんだなって思うけど、私は刺激を求めちゃったから」

これがいまの子の現状なのかもしれない。むかし私は「普通」にあこがれた。でも、もしかしたらあこがれていたのは「普通」ということではなく、現実からの「脱出」だったのかもしれない。自分がいる世界じゃない、別の世界へ。

選択肢《し》の多いいまの社会、ちょっとしたボタンのかけ違いがその先の人生を別の方向へと進めさせてしまうことがわかった。たとえば、この美和のように非行の道へと。

そのボタンのかけ違いはどこからはじまっていたのだろう。

「自分は傷ついていないですし、傷つけたいと思っているわけでもないんですけど、今回のことで親がどれだけ傷ついているのかがわかりました」

傷つけたい？

ああそうか。美和はセックスで自分を傷つけたい子がいるということを知っているんだ。自分はそれではないっていっているのか。

整形をくり返した心の裡《うち》

「そのホストとは切れてないの？」

「切れてる」

「またホストに夢中になっちゃうかもしれないって思う？」

「どうなんですかね。お金なしで愛してもらえる人がいいというか。……私、すごい自分に自信がないんですよ。パパ活でお金をもらっていることで、自分に価値があるって感じることができて満足していたのかも」

この美和の気持ちは、共感できる言葉だった。私も、自分を受け入れてもらったり、認めてもらったり、誰かにあてにされることで自分の存在価値を感じたことはある。

美和の場合、その対価がお金だったというだけだ。しかし、美和はどうして自分に価値をつけたかったのだろう。自信がない、これが関係しているのか。

「自信がないのはなんで？」

「うーん。子どものころとか容姿《ようし》でからかわれて」

美和は知的でかわいらしい顔をしているが、幼いころに容姿でからかわれたことにずっとコンプレックスを持っていたようだ。

「私、６回整形しているんですよ」

「６回⁉」

それは二重にした高校の合格祝いからはじまった。次の整形は、二重をよりよくするため。その次は涙袋《なみだぶくろ》に注射をした。その次は鼻を、あごを……と、少年院にくるまでつづいた。整形のお金も、もちろんパパ活で稼いだものだ。

「美しくなったら何かが変わるかと思ったんです」

たしかに女性なら、きれいになりたいと誰もが思うことだと思う。ダイエットしたり、メイクを覚えたり。女性なら、というかいまの時代、誰もがといっていい。美を意識することはもっともなことであると思うし、美を意識する自分でいたいとも思う。

美和のいう、美しくなったら何かが変わる、というのはどういったことなのだろう。

「私、ひとつのことに集中するとまわりが見えなくなっちゃうので、整形が何かを変えてくれると思ったら、あとは何も考えられなかった」

「何か、って？」

「整形した先に何かを得られると思ってたんですよ。何かはわからないけど。だから早く整形したいと思ってた」

「その何かは得られたの？」

「何かって漠然《ばくぜん》としているけど、求めるものが手に入るかもしれないって思ったけど……」

整形したら何かが変わる、と思っていた美和。しかし、その「何か」を変えることはできなかった。男の人がやさしくなったとか、違う扱いをされるようになったとか、目に見える変化はあった。でもそれは自分が求めていた変化ではなかった。

何を変えたいか、自分自身もわからない。

何を変えたいかわからないが、自分の容姿を変えることができたら、何かが変わる。容姿が変われば、求めているものが手に入ると思っていた。

美和は、そのときのことを、「目の前の自分の世界を変えたくて、必死にもがいてたのかなって」といった。

美和の目の前にはどんな世界があったのだろう。

「ひとつ、質問していい？」

美和がうなずく。

「過去の自分がいるじゃん。その過去の自分は、何が変わるって思ってたんだと思う？」

くり返しの質問になっていることはわかっていた。だが、私は過去の自分を客観的に見ることは、問いからはじまると思っている。

もう少し、もう少し、そのときの自分と向き合うことができれば、気づきがあるかもしれない。それこそ漠然とした理由だが、彼女たちと向き合うために私にあるのは経験だけ。

「なにか、世界を変えたい、自分の見える世界を変えたいと思っていたけど、それは整形で変えられなかった。もっと内面の気持ちの持ち方であったりとかのほうが変えてくれるんだなって、いまは思うようになった」

変えたい何か、についてはまだ自分でもわからないけど、大事な部分はいろいろ考え、見えはじめているようだ。答えよりも、こうやって振り返り、自分を見つめ直すことは大事なこと。いまはそう思える、という美和の変化に少し安心した。

「虞犯」という意味

社会にいたときの美和の生活はだいたい聞くことができたが、逮捕ではなく家庭裁判所の判断で少年院にくることになった理由はなんだったのだろう。

逮捕されれば手錠《てじょう》をされ拘束《こうそく》されることになるが、虞犯でも少年院送致まではなんらかの理由はあったはずだ。

美和が大切にしていた人はホストで、そのホストを支えるためにはパパ活をしなければならない。そのために、うるさい母親がいる環境を避け、ホストの家に転がりこんだ。ホストはもちろんパパ活のことを承知している。

「ホストが喧嘩をすると暴力を振るう人で、それがアザになって。家に帰ったときに、そのアザを母親に見られて警察に相談にいっちゃって。そこから芋《いも》づる式に家出がバレて、私のことを捜しにきた警察に確保されました」

それまでは一度も捕まったことはなく、このときも保護ということだった。その後、児童相談所から家庭裁判所、鑑《かん》別《べつ》所、少年院となったそうだ。

「なにかの間違いかなって。判断している人たち、おかしいんじゃないかって。非行については、なんも悪いことしてなかったのになんでだろうと。少年院ってこんなに簡単に行ける場所なのかなって……」

この美和の言葉は、私にはものすごく違和感があった。

本人は、非行についてはなんにも悪いことをしていないといっているが、深夜徘徊《はいかい》や、入場が許されていない店への入店は、補導の対象である。犯罪行為があるかないかという視点だけではなく、重要なのは、その子が社会生活を真っ当に生きることができる環境にあるかないかである。

少年院に収容される子はなんらかの犯罪をしてしまった子であるが、それは本人がそう望んだわけではない場合もある。重い罪は少年院、軽い罪は少年院に行かないというわけではない。いままで私が出会った少年の中には、カップラーメンを二つ盗んだことで少年院に収容された子がいた。

この場合、カップラーメン2個の金額が問題なのではない。問題はカップラーメンを盗んで食べなければいけなかった環境にある、ということを理解してほしい。

少年犯罪の処分は、その子の特性や家庭環境などを踏まえ、鑑別所での生活状況と合わせて調査官が調査し、審判で判断される（巻末資料を参照）。審判の結果、少年院送致となったのは、美和にはそれが必要と判断されたということだ。

少年院送致についてはほとんどの少年が納得していないと思うが、それは自由がなくなるといった自分の都合だけの話であり、自分が少年院に行くことになった理由については自身がいちばんわかっていると思う。

しかし、美和は「なんも悪いことしてなかったのに」という。

自分に非はないと思っているということだ。

たしかに、家出、パパ活で逮捕されることはない。パパ活というか10代の売春は犯罪として扱われることはないからだ。だから美和は虞犯《ぐはん》少年＝将来、罪を犯す虞《おそ》れのある少年という扱いになった。

しかし、セックスをしてお金をもらうという行為は、犯罪ではないとしても正しい行為ではない。私は美和の感覚が本当に理解できなかった。

「胸がいたかった。戻って自分に怒りたい」

「少年院にきてからの自分って、どう思う?」

「早く帰りたい」

きっと全員がそう思っているにちがいない。でも美和はちょっと違った。

早く帰りたいと思っていた最初の理由は、一緒に暮らしているほかの人と同じに思われるのがいやだったからという。

「私はあんたたちと違うって心の中では思っていました」

あんたたちというのは同じ寮にいる子たちのことで、美和は、自分は非行なんてしてないから、お前たちとは違うと思っていたそうだ。

半年が過ぎたころになると少し変化し、この子どうしてここに来たんだろう、と思うようになったという。そして、1年がたとうとしているいまは、それぞれに理由があるのだろうとわかったことと、少年院に入ったという事実を背負って生きていかなきゃいけない同士だと思うようになった。

どこか、ほかの子を見下げている感じはしていたが、それも生活をしていくなかで変化していったようだ。

自分は違う、と思うことはけっして悪いことではない。その思いがあるからこそ心折れることなく頑張れることもあるから。しかし、社会で生きていくには、自分と同じ価値観ではない人や、自分とはちがう環境があることを知るのは大事なことだ。そういった意味ではよい学びができたのだと思った。

美和の変化はこれだけではなく、先生たちとの関わりからも得たものがあったようだ。

「先生たちは私たちを見ているなって思いました。体調の変化とか、こんなに自分を見てくれる大人っているんだって思いました」

そして少年院は、気づけなかったことに気づかせてくれた場所だという。どんなことに気づいたのかと聞くと、

「世間知らずだと思いました。自分は世の中のことを知っていると思ってたんですけど、そうじゃなかった。６００万円の大金をホストに使うなんて、どんだけ世間知らずだったんだと」

意外すぎるほど欲しかった言葉が返ってきた。

「お金を稼ぐことについては？」

「楽にできるんだったらそっちのほうがいいなってまだ思っちゃいます。自分がやりがいの持てる仕事ができるかわからない」

すごく正直で、自分の心に素直になっているのがわかった。一度目の取材時からいろいろと考えることができたのか、それとも時間が私と美和の距離を縮めたのか。


「少年院ってどんなところだと思った？」

「刑務所と同じような場所だと思ったけど、入ってみたら、刑務所っていうより学校のほうが強いなって」

美和はここへきて、いままで自分にない知識を得られたという。自分には知らないことが多かったと話す。パパ活をする危険性やホストクラブに行く危険性について、先生と一緒に考えてきたらしい。

親についても同様に、親の気持ちを考えていなかったことを、ここにきて気づくことができたという。それは収容後半年を過ぎたころの面会で感じたことだ。

「親が本当に私のしたことで傷ついたんだなってことが面会で伝わってきて。あそこまで傷つけるようなことはもう絶対にしたくないって。親に申し訳ない気持ちが強いです」

「それが伝わってきたときってどんな気持ち？」

「胸がいたかった。戻って自分に怒りたいって思う。親を見て自分が情けなくなった。こんなことしてしまって……」

「自信がないっていってたのは、いまはどう？」

「いまも自信がないのは自信がないんですけど……。いままではそれを外見でしか……」

うまく言葉をまとめられない様子だが、一生懸命考えているのがわかる。

「いままで、自信がある・なしっていうのは外見で決まるものだと思っていたんですよ。けど、ここにきて、べつに外見を変えなくても内面でも自信をつけることができるということがわかった。それでちょっとは変われるんじゃないかって思っています」

すごい、気づき。

美和の思う内面の自信とはどんなことか聞いてみると、「人に信頼される人になりたい」といった。

いままで自分は親に嘘《うそ》ばかりついて信頼されてなかった。だけど少年院の生活の中で仕事を任せてもらえたことなどを通し、信頼されることがうれしいと感じるようになった。こういった経験が外見ではなく、内面の自信になっていったそうだ。

「信頼される人になりたいって、すごい気づきじゃん。じゃあ逆に信頼できる人っている？」

「そうか、その見極めのほうもできなきゃだ！　見極める目は必要ですよね」

笑顔がかわいい。自分の気持ちに素直になると、相手の言葉を聞き入れられるようになる。表情ってこんなに変わるんだな。


美和は自分の気持ちを正直に話してくれた。整形したいという気持ちがなくなったわけではないこと。でも自分を変えるものは整形という選択肢ひとつじゃないって思えていること。内面を変えたり、視野を広げるとか、そういうことが必要だということ。それらは寮で生活しているなかで、わかってきたこと。そして大切な何かを感じることができた。思いやりのなかに大切なこともあることを知ることができたと話してくれた。

「自分は極端に考えすぎていて、顔が美しかったら、バカでも勉強しなくても生きていけるって思っていた。だから勉強しなくても整形すれば生きていけるって。でも美しさだけじゃ生きていけないってことがわかって。そのとき、どうして私は美しくなければダメだと思ってたんだろうって思ったんです」

美和はなぜ「きれいになりたい」と思うのではなく、「きれいにならなければ」と思ったのか。その理由は幼少期にあった。小学校のときに男の子に容姿をからかわれた。そのとき、自分はかわいくないからこういわれたのだ、だから「かわいくなければいけないんだ」となってしまった。

いった本人はとっくに忘れてしまったかもしれないが、美和にとっては大きな出来事になってしまったのだ。

少しずつだけど、美和は進んでいる。感覚の違いを多々感じ、「最近の若い子って……」と思ってしまっていたのも正直なところだが、こうして話を聞いていて、あらためて現実を知るということの大事さを感じる。

「美和、過去は変えられないけど、未来は自分で変えられるよ。いま、ここで過去を振り返ったように、あのときの自分を思い出して考えることってすごく必要なことだって私は思う。今日出した答えが１００パーセントだったとしても、５年後の自分はまた違う１００パーセントの答えを出してる。生きていれば考えや答えが変わっていくのは当たり前だから。だから、今日話したように、あのときの自分を思い出して考えていってほしい。そうすると新しい自分が発見できる。これね、私はとても大切なことだと思ってるの」

私は、法務教官ではないしカウンセラーでもないから、美和を導いてあげることはできない。でも、少年院の先輩として伝えられることがある。

それは、「人は変われるということ」。

過去の自分と向き合うことができた美和。美和はもうすぐ出院を迎える。

「ぶつかり合いながら向き合いたい」と語る母親

6月末、美和の仮退院の日に、迎えにきていた美和のお母さんから話を聞くことができた。白いワンピースに高級腕時計、身なりのきちんとした方で、美人だった。

「出院が決まって、どういうふうに思いましたか？」

「いろんな想いが交錯《こうさく》して、少し不安定でした。うれしいのですが、自宅には私ひとりですので、彼女を受け止めることができるか……不安になりました」

本人が出院を知らされるのは1週間くらい前だが、実際にはそれよりずっと前に、院側が地方更生保護委員会に仮退院許可の申し出をし、決定後、保護者に連絡がいくという流れになっている。

本人は出院を知らされると同時に出院準備室に移動することになるが、その時期はまったく予期できない。

お母さんは不安を抱きながらも、この2ヵ月の期間で気持ちの整理ができたそうだ。いまは吹っ切れて笑顔で迎えてあげたいという。

出院後の不安は本人だけではなくその周囲の環境、つまり家族の側もいろいろと抱える。お互いの軌道修正となるわけだ。

少年院にきて1年、お母さんにとってもこの期間は長かっただろう。

「最初に警察に補導されたときや審判でこの事実を知ったとき、どう思いましたか？」

うちの子がまさか、という言葉が返ってくるだろうと勝手に想像していたが、

「正直ホッとしました」

え？と思った。ほとんどの親が、子どもが捕まったことや少年院に入っていることを隠したがる。その理由としてよく聞くのが、「子どもをきちんと育てなかった親」といわれることへの恐怖心だ。美和からお母さんは子育てを意欲的にやっていたと聞いたので、きっとそうだろうと思っていた。

しかし、お母さんはなによりも美和自身の心配をしていた。

「出かけるときに帰ってくるの？と聞いたら、もちろん帰ってくるよっていって帰ってこない。あなたを信じたいっていっても信じられない日々がつづいて、苦しいし心配でした」

美和が身体中傷だらけで帰ってきたときに、本当に、本当に心配し、命の危険を感じたと話す。今度は薬物かもしれない、最悪は遺体で見つかってもおかしくない。そう思っていたからこそ、見つかったときはホッとしたそうだ。

「親なのに彼女の身の安全の保証ができなくて、お恥ずかしいですが、そういった意味では、こういった施設にいることでホッとしたのもあります」

レディース総長時代、私の母が「救急車のサイレンがなるたびに、すえこが事故をしたかもしれない……と不安に思った」といっていたが、「少年院にいるときは、そういった不安はなかった」といっていたことを思い出した。

お母さんは美和の環境に危機感を持ち、命の重さを考えたとき、美和が生きていることがわかるいまの状況のほうが安心できると考えたということだ。

学校に行かない、家には帰ってこない、ホストへの執着《しゅうちゃく》もわかっていた。家に無理やり閉じ込めておくこともできない状態を考えたら、少年院での矯正《きょうせい》教育は大変ありがたいことだという。少年院に対し、まったく偏見がないようだ。

「美和さんから、幼少期のお母さんの話を聞いて、美和さんが望んだものとお母さんが与えたいと思うことがちょっと違っていたのかなって感じたのですが、お母さんはどう思いますか?」

「いまは私の頑張りと娘の望んでいたものがあまりにも違っていたということを知りました。ですが、私なりに本当に頑張っていたので、振り返ってあれを否定すると、私自身がなくなっちゃう気がしてしまい……。自分がどうしたいのかさえもわからなくなってしまって……」

美和のお母さんは真面目《まじめ》な人だ。ほとんどの親が、「少年院に入ったから変わってくれるはず」と、子どもの変化だけを期待し、自分も変わる必要があるとは考えない。出院後、期待だけが先走り、そのとおりにならない子どもを非難する。

しかし、私にいわせれば、本人は変わっているのに、取り巻く環境が変わっていないからまたくり返しになってしまうのだ。親を非難するわけではないが、自分だけでは環境を変えることができない子どもには、その本人を取り巻く環境がとても大事なのだ。

美和のこれからを考えると、そういった状況を理解し受け入れようとしているお母さんの存在は大きいだろう。

「ホストに狂ったのって、なんでだと思います？」

「彼女の自尊《じそん》感情が低いというか……。私が自尊心を育《はぐく》むうえで何かができていなかったという反省があります」

これからが大変なことはお母さんも承知していた。今後はお互いのコミュニケーション能力を高めていきたいという。

「関係性を壊したくない気持ちがあったのは正直なところですが、意見が合わないから話さないではなく、どんどんぶつかりながらも向き合いたい。彼女自身の幸せのために、私も勉強しながら、お互いに勉強できるようにしたいです」

「どういうふうに向き合いたいと思っていますか？」

「彼女ももう18歳になったので、親から、上から目線でこれをしなさいっていうのではなく、お互いに話し合って決めていこうかなと思っています」

本人を尊重できるようにしていきたい。そう考えるようになったのは、手紙のやりとりや面会を通してだという。美和が少年院送致になる前、鑑別所から出した手紙には、偽《いつわ》りやごまかしばかりだったそうだ。

「いま読み返すと、嘘八百で大丈夫とか、かりそめの内容でした」

少年院に収容されることになってから、お母さんは美和に手紙を書けないでいた。事実と偽り、何が本当かわからなくなっていたからだ。

「きれいな言葉はいらなかったんです。むしろドロドロを出してもらいたかった」

時間だけが過ぎていってしまい、あるとき、これじゃ母親としてどうなんだろうと自分に問いが出た。週に2回、手紙を書こうと思い書きはじめ、手紙のやりとりをつづけてからしばらく経ったとき、やっと美和が本心を出してくれるようになったという。

少年院に入ることで、娘が自分の元にいたら味わうことができない経験を、娘も自身もすることができたという。偏見がなかったのは、感謝の気持ちのほうが大きかったからか。

「かわいい娘を少年院に、と自分を責める気持ちはあります。ですが、社会に後ろめたい気持ちはありません。しっかり教育をしてくださった施設ですから」

「家族のこれからについてはどうでしょうか？」

「子どもたちには、私たち夫婦の問題で申し訳ない気持ちはあります。別居を選択したのは、明るい家庭で子どもを育てたかったからです」

別居前、お母さん本人の精神状態は極限にあった。暗く沈んだ状態での生活。もし自分がうつ病になって子どもを育てられなくなってしまったらどうなるのだろう。

お母さんも考えて出した結論だったにちがいない。家族のあり方については、美和は理解していた。どうにもならないことなら、そのなかで最善の方法を探していけばいいんだ。父と母、美和にとったら両方親であることに変わりはないのだから。

「美和さんが、週末の山登り、いまなら行けるかもっていってましたよ」

お母さんが笑った。これからも親子でぶつかることは多々あるだろう。ぶつかり合うこともときには必要なのだ。

「今日はこれから帰ったら、何をするんですか？」

「娘が雪見だいふくを食べたいといっているので叶《かな》えてあげます。食べることが好きな子ですので、ご飯をつくってあげたいです」

限られた面会と手紙だけでは伝えきれていなかった、本当の心。これから、たくさん伝えていきたいといっていた。

仮退院式で最後に、美和にこれからのことを聞いた。

いままでお母さんを頼ることができなかった。自分から距離を置き、頼ることを拒《こば》んできたが、私のいちばん頼れる信頼できる人はお母さんだったことに気づけたと。

自分にとって少年院は悪いところを直すところじゃなくて、知らなかったことを知ることができた場所だったと話してくれた。

２０２０年7月。

美和に最後に会ってから1年が過ぎた。ドキュメンタリー映画『記憶』は完成し、完成試写会にお母さんと美和が来てくれた。新聞記事を見たそうだ。

出院後、スムーズにいかないことがあり、ハラハラすることがあったとお母さんは話していたが、二人の姿を見てあのときの思いはお互いつづいているのだな、と感じた。

以前、女子少年院の院長先生が、

「自分を愛せない人は、他人も愛せない。だから自分を愛せるようになってほしい」

といっていたのを思い出す。

ありのままの自分を愛することができたら、きっと、大切な人に気づくことができるんだろうな。

第4章　母親に利用されていた——沙羅・19歳（窃盗《せっとう》・薬物乱用）

お金がなくて食べるものを盗んだ

桜が散り、雨が多くなった2018年6月。榛名《はるな》女子学園の最初の取材のときは雪が降っていたが、時は確実に流れ季節はめぐる。

部屋にやってきたのは小柄な女の子。名前は沙羅《さら》（仮名）といい、現在は19歳。インタビューをおこなった部屋は、いまは使っていない寮の一室だった。施設内には3寮あるが、現在は1寮しか使っていない。二人用の部屋にはベッドと机、椅子が左右に並んでいる。私は左側のベッド、沙羅は右側のベッドに、向かい合って座った。

立ち合いの法務教官はカメラの死角に座っている。

「こんにちは。沙羅ちゃん」

「はい。こんにちは。よろしくお願いします」

沙羅は、はにかんだ笑顔で小さく答えた。

第一印象はほんわかしていて、おとなしそうな雰囲気。年齢は上のほうだろうか、落ち着いた感じもする。この子が非行？　どんな犯罪をしてしまったのだろう。

「今日はたくさんいろんなことを聞いてしまうけど、もし、答えたくないことがあったら答えなくていいし、初めての問いで答えが出なかったら、わからないっていっていいからね」

「はい」

「じゃ、まず、家族構成を教えてください」

「ここにくるまでは、お母さんと私だけです」

「そうか。じゃあ、いまと小さいころが違うなら、それを教えてください」

「小さいときは、お父さん、お母さん、お兄ちゃん、私。４人で暮らしていたのは、私が小学校に上がるまでです」

その後、母と父が離婚し、沙羅と兄は母と３人暮らしになったが、小学校に上がってすぐに母が再婚した。

「お養父《とう》さんはすぐできたの？」

沙羅は答える代わりにうなずいた。

「お養父さんは料理が得意で、ご飯は基本養父がつくってくれていました。掃除や洗濯はお母さんがして。そのころ、お母さん若くてかわいかったから、友だちにいいなーっていわれてうれしかった」

小さいころの話をしている沙羅は、なつかしむような顔を見せる半面、さみしそうな顔をしていた。

「そのころのお母さん、いまより全然いいお母さんで、お母さん、そのときは普通だったから」

「そのときは普通？　お父さんとお母さんってどんな人なの？」

「お父さんとお母さん、元ヤンだったみたいです」

「いまいったお父さんは本当のお父さん？」

「はい。お養父さんはわからないけど、……いま、捕まって刑務所にいます。もうすぐ出るみたいだけど」

養父は沙羅が17歳のときに捕まり、あと数ヵ月で出所予定とのこと。ということは沙羅の出院はあと少しだから、そのあとすぐに養父も出てくるというわけか。

「お養父さんはどんな人なの？」

「ものすごく干渉《かんしょう》してくる人でした」

「心配して？」

「そうなのかもしれないけど、度を越していて。私の帰りが遅くなるだけで探しにきて、その場にいる男友だちとかがぶっ飛ばされたり……」

養父のなんでも把握《はあく》したがりは、中学に入ってさらにすごくなったという。沙羅はそんな養父に対して反発が強くなっていったようだ。

「友だちから、お前のおやじ、頭おかしい、っていわれてた」

沙羅は、周囲を懲《こ》らしめる養父が嫌いだったと話している。

親が友だちの前に出てくるだけでも恥ずかしい年齢だ。そこで暴れちゃうなんて、親を否定したくなる大きな理由になるだろう。私の父も、よく自宅で暴れていた。そんな父のことを冷めた目で見ていた時期が私にもあったな。

「お兄ちゃんは1歳上なんですけど、お兄ちゃんもヤンキーで、それがかっこよく思えて、自分もヤンキーになりたいって思ったんです」

身近にいる人の影響を受けることはよくあることだ。兄がヤンキーということで一目置《いちもく》かれていたこともあっただろう。そんな家族に対してどう感じていたのか。

「だから、お父さんもお母さんも元ヤンで、お兄ちゃんもヤンキーで、新しいお養父さんも変だったから、うちはまわりの家と違うな、って思っていました」

「それ、私も思ってた。よそのお父さんは働いているのに、うちのお父さんは働いてなくて。小さいころはそれが普通だって思ってたけど、小学校に行くようになって、お父さんって普通は働いてるんだって知ったの。うちは普通じゃないんだって思った」

話している最中、沙羅は感情を表に出すことがあまりなく、驚いているのか、喜んでいるのか、悲しんでいるのかわからない。ただ自分の普通と人の普通が違う、その共通点が距離を縮め、沙羅との話はお互いに話し、お互いが聞くという流れになっていった。

「それで、ここへは何をしてきたの？」

「窃盗《せっとう》です」

「なに盗んだの？」

バイクの窃盗か、自分の服か、化粧品か、10代の窃盗といえばそんなものかと思ったが、返事は意外なものだった。

「……お金がなくて、食べるものとか、そういうのです」

「初めてものを盗んだときってどんな感じだった？」

「最初は中学のときで、友だちと一緒にやった。ドキドキしたけど、お金があったらやってないけど、お金なかったから」

「盗まれた人のことって考えたことあったりする？」

「ないです」

沙羅は、考えてしゃべるということに慣れていないせいか、沙羅のまわりだけ流れている空気が違うのかと思うくらい、ゆっくりしゃべる。

母親といっしょの薬物乱用

話を聞いていると、沙羅の家庭は、一般的な家庭とはかけ離れている生活だったようだ。

沙羅自身も中学校にはほとんど行ってなく、卒業式は校長室だった。

中３（15歳）で妊娠《にんしん》して息子を産んでおり、子どもの父親のことを「好きで付き合った彼氏」ではなく、「付き合っているから好き」と話す。年齢は沙羅より年上だが、お互い結婚年齢に達していないことから入籍《にゅうせき》はできなかった。経済的自立もできず、相手の家で同棲《どうせい》し、事実上の結婚と出産をしていた。

「あのさ、コンドームつけなかったの？」

「つけてたのに、なんでかなって聞いたら、中で破けちゃったみたいって」

「妊娠に気づいたときどんな気持ちだった？」

「どうしよう、お養父さんに怒られるとか。とまどいでした」

生理が遅れていることに母親が気づき、検査薬で妊娠がわかった。沙羅の母も養父も本気で産みたいなら応援するといってくれたことで、沙羅は産む決心をしたといっている。

望まない妊娠。産むか中絶するかの判断はむずかしいが、生まれたあとのことを親は想像しなかったのだろうか。

「赤ちゃん生まれてどうだった？」

「すごくかわいくて、守ってあげなきゃって感じました」

しかし、現在、その子どもは施設にいる。

「子どもはどうして施設に行くことになっちゃったの？」

「クスリでおかしくなって子どもを全然見れなくて。児相（児童相談所）がきて連れていかれちゃいました。1歳半のときに」

「クスリって、えっと、ここへきたのは窃盗だよね。だけど、クスリとも向き合っていかなくちゃいけない、課題というか問題はそれなのかな？」

「はい。自分の中ではそうです」

沙羅の話は、問題がひとつではなく、順を追って聞かないとダメだと思った。

「じゃあ、まずさ、子どもを産んだあとのところから聞いてもいいかな」

「はい」

沙羅の結婚生活は長くはつづかなかった。彼氏と喧嘩《けんか》別れをし、行き場を失った沙羅は、子どもを連れて実家に戻った。そのときには、養父は刑務所に、兄は実父の元へ行っており、家は沙羅と子ども、母との3人の生活となった。

母の元に帰ったその後もいいかげんな生活を改善することができず、逮捕されることはなかったが、窃盗などで警察に行くことはたびたびあったそうだ。

そして、これまでどんなに悪いことをしても、母に怒られることはなかった。放任というか放置に近い状態。そういった環境は沙羅の行動をエスカレートさせ、とうとうクスリに手を出すようになってしまった。

「クスリなんだけど、初めてやったのはいつ？」

「はい。お母さんがクスリを乱用しておかしくなっているのを見てて、中学のときに興味本位で飲んだのが最初です。そのときは友だちと飲んでワイワイしたり。でも、飲んだときの楽しさや快感を覚えちゃってて、間があいてるときも欲しくなって」

母が乱用していたのは病院の処方薬だった。病名はわからないが、精神安定剤や睡眠導入剤などを乱用していた。睡眠導入剤などは病院での診察で、眠れないと相談すれば比較的簡単に処方されることが多い。

お酒を飲んで乱用する人もいれば、覚醒《かくせい》剤と一緒に使う人もいる。覚醒剤を打つと興奮状態で眠れなくなるが、睡眠導入剤や睡眠薬を飲み、クスリの力で身体を休めて回復させ、また覚醒剤を打つ。そうなると、もうなにがなんだかわからない状態だ。

身体が感覚を覚えているという人もいれば、現実から逃げるようにクスリに手を出す人もいる。沙羅の場合は、養父が捕まったことで怒る人がいなくなり、怒られない環境がさらに、歯止めをきかなくさせてしまった。

クスリでおかしくなっている沙羅の姿を見ても、母親は怒りも何もしない。「あのときはすごかったよ」というだけで、とめることは一切なかった。

むしろ一緒に飲んでいたときもあったという。

そのときのことを沙羅はこう話す。

「自分がどんどんクスリをやってしまう状態のとき、お母さんが怒らないのは、やさしいところでいいところって思っていたけど、それは違うっていまは考えるようになった。ちゃんと怒ってくれたほうがよかった……」

母親も同じようにクスリを乱用していたのだから怒れる立場じゃないだろう、と思ったけれど、沙羅はそういうことをいっているのではなく、お母さんとして自分を正してほしかったようだ。

沙羅の話を聞いていると、クスリを乱用するようになったのは母親が大きく影響しているといえる。

幼いころから母親が常用していた姿を見ていたことが、クスリへの抵抗感をなくしてしまっていた。母親が飲んでいたのが処方薬で、違法薬物ではないことも抵抗をなくさせた理由のひとつになっているのだろう。

自分の環境を選択することができない子どもに、大人が与える影響は大きい。ましてや、いちばん近くにいる親の影響ははかり知れないほど大きかったと思う。

私の父は、身体に入《い》れ墨《ずみ》が入っていた。父のまわりの大人もみんな入れ墨が入っていて、でもいとこのお兄ちゃんの身体には私と同じように柄《がら》はなかった。そうした環境にいた私は、男の人は大人になると身体に柄（入れ墨）が出るものなんだ、と本気で思っていた。

国が違うと文化が違うように、環境というのは人が育つうえで大きく影響してくるものだ。

「お母さんって、私のこといいように利用してた」

「それで、今回の逮捕は初めてだったの？」

「いままでには何回かあったけど、鑑別所は初めてでした」

「どう思った？」

「どうしようって、絶望的だった」

「反省した？」

「ただ帰れるだろうって、うわべだけの反省みたいなのがありました」

「少年院行くって決まったときは？」

「なんとしても行かなくていい方法はないかと。１年も自由がなくて無理、みたいな」

「みんな思うことは一緒だね」と私は笑ってしまう。

沙羅は自分の気持ちを理解して、素直に言葉にできる子だなと感じた。

「審判のとき、お母さん来てくれた？」

「来てくれました。お母さん、そのときは泣いてなかったけど、鑑別所では泣いていた」

母親の涙はなぜ出たのか……。

「そのさ、少年院に行く理由になった窃盗をするようになったのはなんで？」

「うちは母の生活保護で生活していたんですけど、母はお金の管理ができなくて、生活保護のお金を使っちゃう。私も働いてなかったからお金がなくて。お母さんがタバコ吸いたいとか、食べるものや飲みものもなくて……」

沙羅の窃盗は母と自分の食料が主だったようだ。母親の家に沙羅と子どもがいたのなら、生活保護費には二人分の生活費も含まれていたと思うが、そういったくわしい内容は知らなかったのだろう。

「それでもお金がないときはどうしてたの？　光熱費とかも」

「光熱費とかは大丈夫でした。お金がなくなると私が働いて。お母さんは絶対働かないから、私が働かなきゃって。今日その日にお金が入る仕事ができるのは私しかいないから。お母さんに少しでも渡してあげなきゃってのはありました」

「今日その日にお金が入る仕事って、たとえば？」

「キャバクラの体入《たいにゅう》とか、援助交際したり。楽に一気に入ってくるから。なくなったらやるみたいな生活してた」

体入とはキャバクラの体験入店のことで、お試しで一日働いてみるということ。

「それはお母さん知ってたの？」

沙羅はうなずいた。お金をお母さんに渡すと、助かったといってくれる。それが満足感になり、やっぱり私が働きにいってよかったと思えたという。

「そんときは子どもは？」

「お母さんが見ててくれてたけど、クスリやってるときは子どもがどうしてたかわからない」

沙羅は下を向いてしまった。思い出したくないのか。

「いいたくないことはいわなくていいんだよ」

「そのことを思い出すと、息子に申し訳ないなと思う」

きちんと面倒を見なかった過去が申し訳ないのか、それとも、引き取ることができないいまが申し訳ないのか。息子はもうすぐ5歳になる。

「たぶん、私の記憶はない」

もう、息子と一緒に暮らした期間より、離れている期間のほうが長くなってしまった。また下を向いてしまった。

「そういうときに、困っているっていえる人はまわりにいなかったの？」

沙羅は首を横に振り、

「いなかった。生活保護の担当の人は、お母さんのだらしなさに気がついていて、サポートを頼めるような感じではなくて」

沙羅は窃盗、薬物と問題を抱えていたが、いちばんの問題は親子の関係のように思えてならない。キャバクラの仕事がいけないとはいわないが、年齢をごまかしての就業や、援助交際を暗黙の了解にしてしまう親子関係に疑問を持ってしまう。クスリについても同様だ。鑑別所での母親の涙の意味は、自分の心配じゃなかったのだろうかと疑いたくなる。

もし、窃盗で捕まって少年院にきていなかったら、沙羅はクスリの乱用で死んでいたかもしれない。クスリを一緒にやっていた親子関係や、これまでの関係についてどう思っていたのか。それについて沙羅は、

「悪くもなかったし、むしろ仲がよかったし。逆に近すぎた。何をするのもいつも一緒で、お母さんが私の友だちに連絡を勝手にするのとか、ムカつくのに、許してないけど、それをあきらめ……認めちゃってるっていうか。

なんでも許しちゃったり、受け入れて、それは悪いことだとかお互いにいえないで。許したりわかってあげるのがお互いの愛情なんだみたいなのがあって。うわべだけの仲のいい友

だちみたいな関係だった」

「いつからそうなった？」

「ずっとこれだったから。どこからどうなったっていうのがイマイチわからない。気づいたときにはお母さんのだらしなかったりとかが当たり前になってたし、私が悪いことしても責めたり怒らなくなったのも私には当たり前になってたし、いつからそうなったというのはわからない。きっかけが何だったかわからない」

　しかし、沙羅はここにきてから母親に対し、問いが出てきたようだ。

「お母さんにそういうの話したことある？」

「面会では、怒ってほしかったっていったことはないんですけど、私が嫌いなこととか、お母さんにそういうのを伝えたことがあって。お母さんって、なんだろ、ここにきてから冷静に自分たちの関係とか、お母さんを見て思ったのは、なんか、お母さんって私のこと、なんていうんだろう……」

　沙羅は次の言葉をいうのに躊躇《ちゅうちょ》しているように見えた。口に出すことで、それを認めてしまうような気がするからか。

「お母さんって私のこと、……いいように利用してる感じがすごいしちゃって。手紙も全然くれなかったし、面会もきてくれない。面会この日行くよっていっても結局こなかったりとかそういうのもあったし、私が大切に持ってて、家に置いてあったものとか勝手に使って、私が怒っても全然悪気がなさそうにヘラヘラしてたりとか。私の携帯を使って、私の友だちに『お金貸して』とか連絡してたりとか。どんなに怒っても全然ヘラヘラしてて、なんでそんなに笑ってられるの?と思っても……」

間があき、沙羅はつばを飲み込み、またしゃべりはじめた。

「私のこと、娘として大事に思ってないんだろうなって私は感じちゃうところが多くなった」

沙羅の考えが変わってきたのは、少年院で多くの人と関わり、自分自身もいろいろ考えたのだろう。正直、ホッとした。

たとえ親であっても、自分を犠牲《ぎせい》にしてまでの行為は望ましい関係とは私は思わないからだ。

「まともな大人」。言葉は悪いが、沙羅のまわりにはそういう大人がいなかった。沙羅にとって、収容されて出会った少年院の先生が初めての「まともな大人」だったにちがいない。

「共依存《きょういぞん》」——そんな言葉が頭に浮かんだ。ここにきて距離を置くことで、離れることができたのか。

「これほど自分を見てくれる人は初めて」

沙羅にここでの生活について聞いてみた。

「最初は少年院での生活もわからないし、不安とか。私のイメージだと少年院とかって悪い人がきてるから、不正連絡とか頻繁《ひんぱん》で、生意気《なまいき》な子たちがいて、自分は絶対負けたくない。そういうのばっかりだった」

不正連絡とは、社会に出たあとで会う約束をしたり、自分の電話番号などの連絡先を交換することだ。ほかにも自分が捕まった内容や社会での生活状況などを話すことは、少年院内では禁止されている。

これらの禁止事項を破ると「調査」の対象になり、調査になると、集団部屋から個室に入れられて取り調べを受ける。こういった規律違反は、結果的に出院する日が延びていくことにつながる。

少年院には自分のように不良がたくさんいて、毎日が戦争だとか、陰湿《いんしつ》ないじめがあるんじゃないかとか、想像だけが先走りして最初は不安に思うが、実際の女子少年院はまったくそういったことはなく、馴《な》れ合いをなくした女子高のようなもの。それは私自身も経験からわかる。もちろん矯正教育の場であるから、それぞれに向き合う課題はある。

新しい環境や新しい教育はすっと受け入れることができるが、大変なのは、いままで自分が生きてきた常識と違う常識がここにはあるということだ。そのギャップが生活をむずかしくさせることがある。

沙羅は大変だったことをこう話す。

「対人関係が、自分はけっこう得意と思っていたけど、ここにきて、仲良い子じゃない人たちとの距離のとり方ってわからなくて。むずかしいなって」

ほとんどの子が対人で苦労している。いままで育った環境がまったく違う人たちが共同生活するということは、少年院でなくても大変なことだし、規則があり、問題を起こせば、出院が遠のくことを考えたりもすると、よりよい生活というより、問題ない毎日を過ごすほうが楽だ。

「対人がいちばん悩んだ？」

「私、いままでずっと本当に親しい人しか関わってこなかったから、まわりに気を配るっていうことができなくて。ぶつかっちゃったりしても自分では気づいてなくて、向こうは気づいてて」

社会にいたときは気の合う人と付き合い、いやなやつならシカトすればすむ世界だったが、ここではそういう人たちともうまくやっていかなくちゃいけない。ここも狭《せま》いひとつの世界だ。うまくやっていくためには、我慢《がまん》も忍耐《にんたい》も必要になってくるってことだ。そして、乗り越えていくために必要なことは何かという課題まで考えていかなければいけない。

沙羅の場合は、喧嘩になるとかではなく、なにか問題があったとしても、沙羅本人が気づいていなく、そのことでまわりから苦情が出たりしたそうだ。

そういった問題があるたびに先生やほかの子と話し合いをすることや、「内省《ないせい》」することで問題に向き合っていけるようになったという。

内省はひたすら自分と向き合うための時間だ。先に述べた「調査」になったときに与えられることもあれば、そうした違反の罰とは別に自分自身を見つめ直す時間として与えられるときもある。たとえば、家族との問題についてじっくり考える時間が必要なときは集団部屋ではなく個室で内省時間をつくってもらったり、また、出院準備に入る前に社会に出てからの自分について考えるために内省するときもある。

私の時代は、基本正座で数時間座りっぱなしでおこなっていた。足がしびれてつらかった思い出もあるが、自分に問うことで過去の失敗に気づくことができた思い出もある。現在は正座ではなく、楽な姿勢でおこなうことができると聞いた。

「ここにきて、人との関わり方は勉強になったと思ってます」

「もう少し、少年院のことを聞かせて。先生に対してどう？」

「感謝っていうのもあるし、すごい好き」

佳奈と同じ答えだ。

「念のため聞くけど、いわされてないよね？」と笑いながら聞くと、沙羅も笑いながら、

「大丈夫です。本当です」と後ろに立っている先生のほうを振り返り、笑っている。法務教官とのあいだにしっかりとした信頼関係があるのを感じる。

法務教官は、沙羅がいやな思いをしていないか、きちんとできているか、見張るというより見守るように立ち会っている。まるで参観日の保護者のようだ。

沙羅は法務教官に対し、私たちに寄り添ってくれてるといっていた。院内の行事のとき、試合に負けてしまったときは一緒に泣いてくれたり、悩んでいるときは自分に気づいてくれ相談に乗ってくれた。自分の存在、変化にちゃんと気づいてくれることに感謝するようになったと話す。

「本当に大好きで、出院するときに、ひとりひとりの先生にありがとうって伝えたいくらい気持ちがいっぱい」

「人に対して感謝の気持ちって持ったことなかったの？」

「普通に友だちにありがとうっていうことはあっても、これほど自分を見てくれる人は初めて。中学では先生に反抗してて、私たちが学校に行くと迷惑だっていわれたし、いままで、

こんな大人っていなかったなって」

感謝の気持ちを初めて持つことができ、こうした信頼関係を築けたきっかけは、法務教官に自分を認めてもらったこと、受け入れてもらえたことだった。

自分の感情を知ることからはじまる

沙羅の担任の法務教官に話を聞くことができた。担任の印象は、とにかく若い、これが第一印象だった。

少年院に収容されると、必ず担任がつくようになっている。入所から出院まで同じ担任のこともあれば、３級、２級、１級の級別や異動などで途中で変更することもある。

私がいたときは、男性の法務教官が担任を持っていた。体育指導も男性法務教官だったのでめちゃくちゃ体育がキツかった。担任との信頼関係は大事だと思うが、その当時の私は信頼関係を築きたいと思っていなかったので、本当の心を見せることなく仮退院した。

もうすぐ20歳になる沙羅と20代半ばの先生との信頼関係はどうだったのだろう。指導はどうおこなっていたのだろう。

「沙羅さんの担任になってどれくらいですか？」

「最初から最後までです」

「沙羅さんは、ここに来たばかりのときはどうでしたか？」

「まわりのことを考える意識がなかったですね」

「それについてどう思いましたか？」

「これは推測ですが、母親とダラダラ過ごしていたので、まわりに目がいかないんだろうなと」

「それが変わったと思ったときは？」

「掃除をしていて、ほかの少年に『そこはそうじゃないですよ』っていわれたときに、いままでは『なんなの？』って態度だったのに、相手の言葉を受け入れつつ、『それだったらこうじゃないですか』って提案していて、他人の意見を受け入れつつも自分の意見をいえるようになったんだって思いました」

「沙羅さんの指導で、伝えてきたことってどんなことだったんですか？」

「まず、自分の気持ちに気づくこと。感情を知るってことです。彼女に『ストレスを感じたことあった？』と聞いたら、『ない』っていってたけど、『それを見ないようにして、いいところだけを見てきたんじゃないの？』って」

「沙羅さんはなんて？」

「『そういえば、過去にいやだった』ということが出てきて。そういったことに対し、まず自分の気持ちに気づくことを課題にして、まわりの気持ちを考えていくことにしました」

「それは入ってからどれくらいのときですか？」

「入ってから3〜4ヵ月くらいだと」

「何かきっかけが？」

「エアロビの発表会でリーダーのときです、彼女すごく頑張ってて。ちょうどそのころ、だんだん発言とかも思いやりがあるようになってきて、自分の主張だけじゃなく、まわりの意見も聞きつつというようになって。それでリーダーをやってもらいました」

「責任者の経験が必要だということで、彼女を？」

「はい。『人に認められた』とうれしそうにしていたのが印象的でした」

「私は沙羅さんの話を聞いて、沙羅さんの課題っていろいろあるなって思ったんですけど、先生が思っているいちばんの課題は何ですか？」

「やはり、自分の感情に気づくということ。自分の感情を押し殺して、人に合わせるところがある。違反があったときも、まわりに流されてしまったりがあったので」

「お母さんとの関係についてどう思いますか？」

「ここにきたとき、母親は親友といってたんですけど、だんだん関係を振り返っていくなかで、ある程度距離を置いて関わっていかなくちゃいけないと考えるようになっていて。私もそう思います」

「先生が大事にしていることってなんですか？」

「同じ目線に立つということです。自分のほうが上ではないし、向こうが下でもないので、同じ目線で寄り添えるように」

「先生にはわからないよ、っていわれたことないですか？」

いままで会った少年のほとんどがいっていた言葉。法務教官からも、そういわれたことがあると聞いた言葉だ。

「『先生は違うふうに生きてきたんだからわからないよ』っていわれたときは、どうやって関係を深めればいいか悩みました」

「先生としてはどういう結論が出たんですか？」

先生の本音《ほんね》が聞きたかった。

「わからないことはわからないので。わからないかもしれないけど、そのなかでも寄り添って理解しようと思ってやっていくしかないなって思って、接しています」

わからないことはわからない、か。そのとおりだと思う。理解しようとする気持ちを持つことが大事だと私も思う。

「やっていてよかったと思うことは？」

「沙羅さんのことでも、私としては何かをしてあげたいという感覚はなくて。『私のいちばん深いところまでわかってくれているのは、先生だけだから』っていわれたときには、この子と話ができていたんだなーって思ってうれしかったです」

出院後はクスリをやらない環境へ

数日後、今回も後ろで先生が見守るなか、２回目の取材がはじまった。

「少年院で自分が変われたなーって思えたときはあった？」

「はい。エアロビ大会のときに」

収容人数が少なくなったことや管理的な問題で減ってきているが、少年院では運動会、納涼祭、球技大会、茶会、音楽劇など、さまざまな行事がおこなわれている。こうした行事は各少年院の特徴でもあり、エアロビは榛名女子学園の名物で、私がいたときから体育の一環としてあった。エアロビがまだつづいていることを少しうれしく思った。

「どんなことがあったの？」

「チーム７人くらいだったと思うんですけど、いろんな人の意見をまとめるってことになって。私、まわりにどう思われるとか気にしちゃうタイプだったから、ひとつの意見をまとめるのも力を使うし。６人賛成で１人反対のとき、意見をどういうふうにいえばその人の気分を悪くせず納得してくれるかなとか。悩んだりしてたけど、そういったことで成長できたか　なーって」

自分のうれしかったこと、楽しかったことをいままで報告することなどなかったのかもしれない。沙羅はうれしそうに話している。聞いてもらえることがうれしそうだった。

「すごいね。少年院の生活で、自分への問いが出るとか、とてもすばらしいと思う。私なんて自分の少年院生活が恥ずかしいわ。なんか、いかに上手に反省しているふりをするかを考えていたから。つねに考えていたのが、反省している人の言葉だった。

そういうふうに考えられるようになったのって、先生たちの思いとか寄り添ってくれる支えがあったから？」

「寮のみんなのこと嫌いとかないし、むしろみんなずっと頑張ってきたから。先生が、私ならきっとリーダーできるからって選んでくれたことに応《こた》えたかった」

沙羅はいままで自分にも他人にも無関心だった。しかし、人に認められることで自信がつき、それが頑張る力になっていったということだ。その気持ち、私もよくわかる。

沙羅は少年院生活を通し対人関係を学んでいった。本当にすごいと思った。

自分自身が変わりたいと思うことができなければ、けっして人は変われない。少年院生活を送るなかで彼女自身が変わりたいと強く思ったのだろう。

だから、逆に考えると、人は自分を変えることはできるけど、人が人を変えることはむずかしい。私の心配は沙羅が帰ってからのことだった。

沙羅は変わっていても、母親は変わっていないからだ。もちろん変わっていない、というのは憶測《おくそく》にすぎない。だが、自身が変わりたいと思うことがなければ、人は変わることはできない。母親の環境は変わっていなく、その可能性は低いと私は思った。

「ここから帰るのはお母さんのところ？」

「違います。お父さんのところです」

「それは自分で望んだこと？」

そう聞いたのは、出院するにあたっては帰住先調整というのがあり、自宅に戻せないと判断されると帰住先を変えなければいけないからだ。沙羅の場合、母親のところに帰ることができないと判断される可能性は十分あると思った。

「最初は……」

その次の言葉が出てこない。沙羅は目線を下に落とし、ひざにある自分の手元を見つめた。

「お母さんが好きで、お母さんとずっと一緒に住みたいと思ってたけど、お母さんとの関係性を考えたら、あまりおすすめされない感じで……。そのときにちょうどお父さんが面会に来てくれて」

「お父さんは本当のお父さんでいいんだよね？」

「お父さんに引き取るよっていわれてから、そっちの線で考えるようになりました」

父親のところに行くことを決めた理由は、

「クスリをやっちゃう環境はお母さんのほうで、だからお父さんのほうに行く」だった。

沙羅は、クスリでふわふわになるのが好きでその感覚が忘れられない。しかし、それをどうやってやめるかを考えたときに、自分がクスリをやらない環境に行くことがいちばんいいと思い、父親のほうに行く決断をした。

父親からは、面会時に沙羅と母親との関係について「よくない」と指摘されたそうだ。沙羅本人もなんとなくそれを感じていた。

だが、いやなことがあるたびに、もういやと思っても嫌いになれない。最終的には許してしまっていた。認めてしまえば母親を否定することになってしまうから。

「すえこさん、お母さんが変わるまで会わないほうがいいですか？」

沙羅から思いがけない質問をされた。

沙羅からの質問はこれが初めて。下を向いたり、目をそらすことが多かった沙羅がまっすぐに私を見る。

「クスリが手に届くところにあっても、やらないでいられる？」

沙羅は、黙《だま》ってしまった。

「クスリがある環境でやらないでいられる人っていないんじゃないかって、私は思うけど」

答えは沙羅が知っている。人にいわれて気がつくこともあるが、自分が気づかなければいけないことがある。沙羅に伝わっただろうか。

それでもなお、母親を心配している様子だった。

「お母さんには私しか助けがない。どうしたらいい」

「沙羅ちゃん、もうすぐ終わりの時間になるけど、なにか話し足りないとか、出院後の心配とかあるかな？」

「仕事がつづいたことがないから、働くことのない生活に戻っちゃったらどうしよう。ここにくる前のだらしない自分になったらどうしようって思う」

見えない恐怖ではなく、見えている過去の自分になってしまう不安は、いま現在の私にもある。大事なことだとわかっているのに、まわりの環境や自分の欲に負けて流されてしまったらどうしよう、といまでも不安になることがある。

楽な逃げ道を知っているぶん、転がって落ちていくのは早い。それでも、どうにかやってこられたのは、自分の弱い部分を知ること、それも自分だということを受け入れることができたからだ。

誰にでも不安はある。いままで沙羅は自分の感情さえ理解していなかったのだから、これも成長だ。

「だらしない自分に戻りたくない、って自分の悪かったところがわかっている人は、きっと大丈夫だよ。つらくなったらつらいといえる環境になることも大事だからね」と伝えた。

約束の時間は過ぎようとしていた。沙羅は、まだいいたいことがありそうだった。

ここでインタビューを切ることもできる。少年院との約束を守ることは取材をつづけていくうえで大事なことだ。沈黙がつづく。沙羅との会話には、この「間」がたくさんあった。きっと何かをいいたいのだ。

沙羅は私の顔を見てから、下を向き、つぶやくようにいった。

「お母さんがかわいそうで。お母さんには私しか助けがないから、かわいそうって思っちゃうことがあって。そういうときってどうしたらいいだろう？」

私は沙羅の顔をのぞきこんで「いまもそう思っちゃってるんでしょ？」。

顔を上下に振り、うなずいた。

沙羅は、母親にこうした思いを持っていることをいいにくかったようだ。やっぱりというか、親子のつながりはそう簡単に切れるものじゃないのか。

「それ、先生に話したことある？」

「いえ。母と自分の関係で悪かったこととか、母のだらしなさに対してイライラしたことや、それでも母を嫌いになれないことは話したけど、出院後にそういうときがあったらどうしたらいいか、とは聞いたことがない……」

社会に出てからこの先、迷う自分がいるってことはわかっているようだ。

「お父さんは放っておけばいいっていうけど、タバコもお金もなくて、ひとりぼっちで困っているのを想像したりすると、どうにかしてあげなきゃって思ってしまう。お母さんが普通に生活できているなら、私も普通に生活できるけど、お母さんが極限状態になっているのに、自分を優先して普通に生活しててもいいのかなって。そうしたら私が助けてあげるしかないって……」

「お母さんはいま、生活保護を受けているっていってたよね。贅沢《ぜいたく》はできないかもしれないけど、生きていくことはできる。社会のセーフティーネットで守られているよ。これの意味はわかる？」

「はい。だけど、自分の中でお母さんってもう変わらないだろうなって気持ちがあるから、よけいに心配になっちゃう……」

心配する気持ちはわかるが、しかし、出院後の自分の生活もどうなるかわからない状態なのに、どうしてここまで母親に対して思いがあるのだろう。沙羅には子どもがいるが、子どもに対してではなく、なぜ母親に対してなのだろう。

母親との関係性は共依存であって、沙羅は母親に応えることで自分の存在価値を感じることができていたのかもしれない。誰かのために生きるということは、生きがいを感じることができるかもしれないが、沙羅と母親の場合、その関係は歪《いびつ》だったといえる。

沙羅の母親については、インタビューのときも正直、親としてどうなの？と疑いたくなることが多々あった。こんな母親でかわいそう、と。

「こんな母親でかわいそう」？

自分の言葉にハッとする。

私はいつから、人を蔑《さげす》むようになってしまったんだろう。

もし、私があのまま薬物をつづけていたら、間違いなく、沙羅の母親と同じように、薬物優先の人生になっていただろう。

私には薬物をやめるきっかけがあったからいまの生活を送れているが、正直にいうと、これまでつらいときに何度かクスリを使ってしまおうかと思ったことがあった。手を出さないでいられたのは子どもの存在があったからと、薬物のこわさを知っていたからだ。

一度使ったら二度目は躊躇《ちゅうちょ》せずに使ってしまう。たった一度だけ……、なんてことはないことを、自分でよくわかっていた。

クスリを使ったら、子どもよりクスリを優先してしまう、そして一度使ったら、自分の大切なものを自ら放棄《ほうき》することになってしまうことがわかっていたから、「やったらダメ」と自分にいい聞かせていた。

自分も同じようになってしまう可能性はあったのに、私はいつの間にか「自分はこんな人と違う」と、人にスティグマ（負の烙印《らくいん》）を押すようになっていた。

沙羅の母親は身体の不調からクスリを常用するようになった。身体の不調の背景には、沙羅にもわからない事情があったのかもしれない。最初は身体のため、とつづけていくうちに何かが変わっていってしまったのかもしれない。薬物は自分の意志でコントロールできない。起きている問題だけに目を向けたらいけないんだ。沙羅の母親を「ひどい母親」といって片付けてはいけない。救いの手が必要なのは、沙羅だけではないのかもしれない。

しかし、私はどうしても、沙羅に自分自身を優先して考えてほしかった。

自分の命を生みだしてくれた親は偉大だ。しかし、子どもは親のものではなく、子どもにも人権がある。沙羅には親のためではなく、自分のための人生を送るように生きてほしい。

「自分のことは自分で変えられるけど、人は人を変えられないよ。だから、沙羅がお母さんを変えることはできないよ。お母さんが自分で気づきながら変わっていこうとしなければ」

変わらないお母さんを変えたいと思うのではなくて、変わらないのだったら仕方がないと、親子であっても自ら距離を置くことができるようになってほしいと思った。

心配なことは多々ある。ただ以前と違う点は、沙羅は自分の気持ちを私に伝えることができたこと。

母親のことでこの先も悩むことがあるだろう。そのときは、少年院の先生や私に話せたように誰かに言葉で伝えることをしていってほしい。信頼できる人の存在が必要だ。その誰かがよい答えを示してくれなくてもいい。思いを言葉にして伝えることで、いずれ自分で答えを見つけることができる。


取材から2年が過ぎた。沙羅はあれからどうしているだろう。最後に、困ったときは「セカンドチャンス！」に連絡してね、と伝えたが、いまだ連絡はない。

実父のところでクスリと縁がない生活を送れているだろうか。息子を引き取ることができただろうか。それとも……。

子どもは親を選べない。もし、沙羅のまわりに「まともな大人」がいたら、沙羅は善悪の判断をつけることができたかもしれない。もし、差し伸べる手が沙羅にあったらと思うと、これまでの社会の無関心を問いたくなる。

どうか沙羅が、社会から疎外《そがい》されることなく自分の居場所を見つけ、自分の人生を自分のために生きていることを願う。

第5章　家族から拒絶された——遥香・17歳（美人局《つつもたせ》による恐喝《きょうかつ》）

「もっとかまってほしかった」

「おっさん、こいつ、俺の女だよ」

凄《すご》む若い男と中年の男が向かい合っている。

「こいつ18歳未満だよ。そうすると児童買春《かいしゅん》になるよね。警察行くか⁉」

罪名は、「恐喝《きょうかつ》」。この方法でこれまでに6人の男性を騙《だま》してきた。

名前は遥香《はるか》（仮名）。現在17歳。16歳のときに恐喝で逮捕され、榛名《はるな》女子学園にやってきた。遥香はほかの子より若く、私が少年院に入ったときと同じ年齢だった。榛名に来て11ヵ月たつ。

前髪をちょこんと結び、おでこは全開。肩まである髪は後ろで一本に束《たば》ねていた。体格がよく、顔もつるつる・ぱんぱんしている。

恐喝で逮捕されたと聞いたときは、最近ではめずらしいなと思ったが、遥香は共犯者と一緒に男性をターゲットにした「美人局《つつもたせ》」をしていた。男女が共謀《きょうぼう》して、冒頭のようなやりとりで金品を脅し取ることだ。

犯罪のきっかけは共犯者に誘われたことだった。

遥香が犯罪に手を染めることになったその背景にあったのは、期待から幻滅、孤独。求めているものが手に入らない現実から逃げるように、転がるように落ちていった。

最後に遥香が求めたのは「犯罪の中にある居場所」だった。

父、母、弟の４人家族だったが、幼少期に両親が離婚し、遥香と弟は母に引き取られ、ばあば（祖母）の家や、母の彼氏の家を転々として暮らしていた。

父とは定期的に会っていた時期はあるものの、一緒に暮らしていた記憶はほとんどない。

母はパパ（養父）と再婚し、弟、妹が生まれ、現在は６人家族となった。

パパに対して、遥香は自分への愛情と、下の弟、妹への愛情とはなんとなく違うと感じていた。その思いは次第に大きくなり、血がつながらない私はパパの子どもじゃないから、自分はここにいていいのかと不安な気持ちと、自分を認めてもらいたいと思う気持ちの両方がつねにあった。

パパとママが望むことをやれば、きっと自分は認めてもらえる。

勉強も運動もすべて頑張った。小学校６年生のときに難関の中高一貫校を受験し合格したときは、家族みんなが喜んでくれた。

しかし、喜びもつかの間、待っていたのは、思いもしないことだった。

パパが転勤になり、4月から県外に引っ越しをしなければならなくなった。遥香は、もちろん自分も一緒に行くものと思っていたが、

「せっかく合格したんだから、もったいないでしょ。遥香は、ばあばの家に住んで学校に行きなさいね」

ママからそういわれ、逆らってはいけないと自分の中で勝手に思って、本音《ほんね》をいうことができなかった。

「本当は一緒に暮らしたかった。ひとりだけ離れるのはいやだった」

これが遥香の本音だった。

遥香は私が質問するとペラペラと最初から最後まで話してくれるのだが、肝心《かんじん》なことが抜けており、やっと聞けた本音だった。

ばあばの家での暮らしがはじまった。遥香はばあばのいうことをしっかり聞き、自分を認めてもらうために勉強も部活も頑張ったという。

「もっとかまってほしかった。自分を必要としてほしかった」

遥香はさびしかったのだ。自分だけが家族になれていないような気がして、もっと親から愛情を感じたかった。

その気持ちは私も知っている。髪を染めたとき、タバコを吸っているとき、怒られてもいいから母に自分を見てほしかった。自分が透明人間になったような気持ちだった。レディース時代、先輩の親が、「こんなことしちゃダメよ」と必死に自分の娘を家に連れて帰ろうとしていたのを見たとき、私は怒られても迎えにきてくれる親の存在がうらやましかった。

小学校６年生のときに金髪にしたことを、大人になってから母に「どうして私の髪が金髪になっても何もいわなかったの？」と聞いたことがある。母は、そのことに気がつかなかったといった。働かない父の代わりに朝から晩まで働いていた母は、私の髪の毛より明日食べるお米の心配をしていたと話す。

いまは、そのときのことを笑い話として話せるが、当時は、自分は愛されていないと思い込んでいた。遥香のように、もっとかまってほしいと。

他人から見たら、小さなことだと思うかもしれない。それくらい我慢《がまん》できるだろうと思うかもしれない。でもその当事者にとっては大事なことで、安心できる言葉と行動がほしいのだ。

勉強を頑張る娘を応援する親、もっとかまってほしいと願う子ども、気持ちがすれ違うことはどの家庭でもある。しかし、遥香の場合、ボタンのかけ違いはここからはじまってしまった。

中高一貫の進学校に問題児はいらない

「どうせ私が何をしても認めてもらえないんだ」と遥香は勉強をする気が薄れ、なげやりな生活になっていった。

家にも学校にも居場所を感じることができずにいた遥香にとって、唯一《ゆいいつ》の存在は同じ学校に通う1歳年上の彼氏だけだった。彼氏は自分を選んでくれた。そう思うととても満たされた気持ちになれた。

しかし、しばらくすると彼氏は徐々に変貌《へんぼう》しはじめ、暴力を振るうようになった。束縛《そくばく》がすごかった。気に入らないことがあると、遥香にすぐ手をあげるようになった。

それでも別れずにいたのは、そのときの遥香にとっては彼氏がすべてだったからだ。

「その人しかいないって思ってた。この人に見捨てられたら居場所がなくなると思って」

遥香が通っていた学校は公立の中高一貫校で、倍率が高かったそうだ。かなり勉強しないと入れない学校だといっていた。

勉強ができるやつに暴力を振るう男がいないというわけではないが、高校1年生の男の子が、思いどおりにならないときに、自分より力の弱い人、しかも自分の女に手をあげるということに少し驚いた。怒りのコントロールは今日明日で急にできるようになるものではない。きっと暴力はつづくだろう。

家族と離れて2年が過ぎたころ、またパパの転勤で一緒に暮らすことになったが、もう遥香の気持ちは家族から離れてしまっていた。

「あれほど一緒にいたかった家族なのに？」

「友だちや彼氏にすがりついちゃっていて、家族がうっとうしくなっていました」

親がうっとうしい。親から自立したい欲求と、親より友だちが大事と思うことは誰もが経験あることだろう。求めても応《こた》えてくれない親に期待はなくなり、遥香にはもう彼氏の存在しかなかった。

ある日のこと、家の近所で彼氏に殴《なぐ》られているところを、誰かが通報し、警察がくる騒ぎとなった。痴話喧嘩《ちわげんか》として扱われ、事件になることはなかったが、友だちが面白半分で遥香のアザをツイッターに投稿し、事態は急変した。

それまで遥香は、彼氏の暴力がもし家族に知られたら別れさせられてしまうと思い、殴られてアザができたときはコンシーラーで隠していた。だが、投稿ツイートのリツイート回数が400にもなり、その内容に「××高校」と学校名が出ていたことで、学校にバレてしまった。

遥香は学校に呼び出され、生活指導の先生から、ツイッターの投稿は学校に対する名誉毀《き》損《そん》に当たるといわれた。

「あなたの友だちがやったことなら、あなたに責任がある」と先生はいい、自分は関係のないことをいくら説明しても受け入れてもらえなかった。

学校の成績はよかった遥香だが、以前に校則違反をしたことなどもあり、学校は自主退学をうながした。

中高一貫の進学校には、問題児はいらないということだ。

自分の思ってもみなかった方向にことが進み、学校は遥香のことを信じてくれなかった。そして家族は、外面《そとづら》のいい彼氏を信じ、「誰かにやられたアザを彼氏になすりつけているんだろう」といった。もう遥香を信じてくれる人は誰もいなかった。

高1で高校を退学し、彼氏とも別れた。

遥香は自暴自棄《じぼうじき》になっていた。自分を信じてくれなかった親からは完全に気持ちが離れていた。そして、いままで暴力を振るってきた彼氏に対し、やり場のない怒りだけが残っていた。

もう自分なんかどうなってもいい。家にいたくなかった。

高校生活は半年で終わってしまい、まだ暑さが残っている９月、ツイッターを見たという知らない人から「大丈夫？」と連絡がきた。

親に捨てられた家なき子が生きる方法

遥香に連絡してきたのは、地元で不良と呼ばれている数人の人たちからだった。

「俺たちが仕返ししてやるよ」

遥香は、

「自分に味方してくれてすごいうれしかった。あいつ（元カレ）みたいに普通にいい学校行っててもひどいことをするやつもいれば、不良、ヤンキーっていわれている人たちでもやさしくていい人はいるんだなって思った」

自分のために仕返しをしてくれる人は正義の味方で、その人たちにあこがれを抱いた。

それから数日後、遥香はその不良仲間と元カレの家を襲撃《しゅうげき》した。元カレと親は玄関から出てくることもなく警察に通報し、騒ぎとなった。遥香にしてみると、「私がされたことはこんなもんじゃないのに、通報ってなに？」と思ったという。

遥香はこのとき、目が覚めたといった。

「元カレに固執《こしつ》してた自分がバカだなって。どうでもいいから、あいつをボコボコにしてほしいって思ってたけど」

いままで自分がされたことを、味わわせてやろうと思ったという。

「その思いしかなかった。元カレが苦しんでいるところを見たいって。自分はさわりたくなかったけど、ボコボコにされているのを見たかった。昔のようにあんたにすがりついていた私はもういないってわからせたかった」

遥香が元カレを攻撃したいちばんの理由は、ボコボコにしたいというよりも、いまの自分とその仲間たちの存在を圧倒的な力で見せつけたかったからじゃないか、と私は思った。かつての私はもういない。暴力という権力で相手を攻撃することで、自分を表現しているように見えた。

この事件後から、遥香は不良仲間とつるむようになり、生活は乱れた。

学校を退学したあと、バイトはせず毎日ふらふらして遊んでばかり。家族のことは完全にシカトしていた。

10月の終わり、遊びはじめて2ヵ月くらいたったある日、その日はハロウィンだった。いつものように遊んでいた遥香に、パパから1通のメールがきた。

「今日から家に来ないで。ママにも連絡しないこと」

「なんで?」と連絡してもパパからは連絡がこなかった。

ばあばに聞いて、やっとその理由がわかった。

ママは遥香が学校を退学したあたりから精神科に通うようになっていたそうだ。家にほとんど帰っていなかった遥香は、まったく知らなかった。

医者から、遥香との接触を３ヵ月間しないようにいわれたという。ばあばは遥香に「あんたのせいで倒れたのよ」といった。

遥香は家族と帰る家を失い、この日から「家なき子」になった。


正直、遥香からこの話を聞いたとき、親の真意はどうだったのだろうと疑いたくなってしまった。もちろん、これは遥香には聞けなかったが、ママの体調が悪くなってしまった原因は遥香にあったとしても、16歳の子どもに家に帰ってくるな、という話はまともじゃない。

話を一方通行でしか聞いていないからすべてを鵜《う》呑《の》みにするわけにはいかない。もしかしたらそうではなかった親の真意や、都合の悪いことをカットしてある話かもしれない。

とにかくわかっていることは、この日から遥香は「これからひとりで生きていかなくちゃいけない」と覚悟《かくご》をしたということだ。

「どうやって生活していたの？」

「友だちの家と、あとばあばが助けてくれて、ばあばの家にいさせてもらったり」

「家に帰れないってどんな気持ち？」

「友だちにじゃあね、っていわれると、帰れる家があっていいなって。自分って何なんだろう、生きていていいのかなって」

遥香は友だちの家を転々としていたが、泊まる家がないときは、寝る場所を確保するために20代の男性からのナンパ待ちをし、そのままホテルへ行く。これで朝までの居場所を確保した。

お金が必要になったら、ナンパではなく援助交際をした。それでも泊まる場所やお金がないときは、公園で野宿をして過ごした。

どれだけ不安だっただろう。16歳、帰る家がないのではなく、帰れる家がなくなったのだ。

「早く大人になりたかった」

遥香にどうして大人になりたかったのか尋《たず》ねると、

「18歳になれば、仕事ができるから」

16～17歳が生きていくためにお金を稼《かせ》ぐことでできることといったら、援助交際しかないと遥香はいっていた。もう自分は親に捨てられたから、どうにか18歳まで援助交際で生活をつなぎながら生きていくしかないと。

こうなったのは親のせい。

「電車に飛び込んで死ねば、賠償金《ばいしょうきん》とかで親が苦しむかな」

行き場もなく電車を見ていると、そんなことを考えてしまう。

親に対し、いやな感情しか残っていなかった。

「結局私は利用されたんだな」

毎日その日暮らしのような生活がつづいていたが、ある日、友だちの家に行くと、「先輩が美人局《つつもたせ》をやってくれる子を探している」と誘われた。

その先輩は不良仲間の先輩にあたる人で20歳。遥香も数回会ったことがあった。

遥香は、その誘いに乗ることに決め、「やるよ」と返信した。

「その人たちとか先輩って、遥香にとってどんな存在だったの？」

「自分にとって恩があるから、いうこと聞かなきゃって。それとタイプでもありました」

元カレのときにお世話になったことと、先輩の悪い感じにあこがれたと話す。しかし、それらは理由のひとつであって、いちばんの理由はお金だ。

遥香は、最初、美人局をやりたいとは思っていなかったが、家に帰れない状態がつづき、お金がどうしても必要だった。

自分はこれからひとりで生きていかなくてはいけないということ、そして、お金を稼ぐ方法はこれしかない。

夜の街をふらふらしていると強引にホテルに連れていかれることもあったことから、どうせ同じ行為をするなら援助交際よりもたくさんお金を取れるほうがいいと考えるようになった。

「どうせセックスするならもらえるお金は多いほうがいい。そのほうが合理的だと思った」

それを聞いたとき、とてもシンプルな考えだと私は思った。私ならやらないというきれいごとではなく、そうするしかないなら、より多くもらえるほうを選ぶだろう。

そしてなによりも、

「その誘いにのれば、共犯の中に自分の居場所がある」

遥香はそう思っていた。

「ひとりになるのがこわい？」

遥香がうなずいた。

幼少期から自分を認めてほしいといつも思っていた。自分を必要としてくれる存在が欲しかった。

ボタンのかけ違いは思わぬ方向に進んでいき、最後に遥香は、犯罪の中に自分の居場所を求めてしまったのだ。

「美人局って誘うだけ？　実際にどこまでするの？」

「最後までします。じゃないとお金が取れないから」

出会い系サイトの掲示板に書き込みをすると、すごい数の連絡がくるらしく、その中からどの人がいいか選択する。書き込みは援交と書くのではなく、わかる人にはわかる暗号のようなメッセージらしい。

テレクラ世代の私にはついていけないが、これが現代では主流のやり方だと教えてもらった。

相手の選択は、おじさんメインにしていた。ヤクザみたいな人が来たらややこしくなるから、そのあたりは注意していたという。

相手が決まるとお金と時間、待ち合わせをやりとりし、その場所に行く。

最初のときは、たしか40分と時間が決まっていたから、シャワーで10分稼ぎ、セックスは20分の時間と計算した。セックスをしないと証拠にならないから、必ずやらなくてはいけない。

行為が終わったころに電話が入り、「いま、友だちと遊んでるから」と返したら、それを合図にドアの前に男が待っているという設定だ。

「おっさん、こいつ、俺の女だよ」

面食らうおっさんに、

「こいつ18歳未満だよ。そうすると児童買春になるよね。警察行くか⁉」

そのままおっさんを車に乗せて移動し、遥香の男を名乗る主犯格の男がお金の交渉をする。割合は遥香が6割、共犯が4割と決めていた。

その足でお金を下ろさせにいき、この方法で6人の男性相手に3回の恐喝を成立させた。逆にいうと、3人の男性の恐喝に失敗したということだ。

そのうちひとりが警察に被害届を出した。それだけでは足がつかなかったかもしれないが、被害届を出したことを知った仲間が、さらに脅《おど》しにいったことから身元が割れて、警察の手が遥香までおよび、逮捕となった。

「逮捕はどういう気持ちだった？」

「いつ出れるかしか考えていなかった」

逮捕されて初めて、恐喝は、相手の弱みにつけ込む行為であることを知ったという。

犯罪行為については、少年本人がその犯罪性や危険性に気づいていない場合がある。逮捕されて初めて、その行為が犯罪になると知ることも少年事件では少なくない。

最近の例でいうなら、振り込め詐欺《さぎ》があげられる。これは犯罪の低年齢化や情報リテラシー、つまり情報を読み解き使う能力の不足などが原因と考えられるだろう。

遥香の場合は、犯罪ということは知っていたが、深い意味まで考えていなかったようだ。

さらに、逮捕をきっかけに、警察から初めて知らされた事実があった。

遥香たちは3回の恐喝を成立させていたが、共犯者には相手から奪ったお金は10万だったと聞かされていた。しかし、それは嘘《うそ》であり、実際の被害額は１００万円だったと知った。

「この人たちに必要とされていたいと思っていたけど、結局私は利用されたんだなって」

夜の街で起きる犯罪では、いつも子どもが大人に利用される。

「こんな親じゃなかったら」という思い

事件の取り調べが終わり、鑑別所に移送されたが、審判で遥香は「試験観察」となった。

試験観察とは、簡単にいうと処分の保留である。少年が社会生活を送る様子を家庭裁判所の調査官が観察して判断する。判断するのは２ヵ月後の審判の場であり、そこであらためて、どうするか決めるということだ。

試験観察の期間中にはいくつかの約束があり、定期的に調査官に会いにいき、決められたルールを守り、決められた場所に住まなくてはいけない。

「帰ってきていいよ」

親はこういってくれ、遥香は3ヵ月ぶりに自宅に戻った。このときのことを、「いままでは『親のくせになんなの？』って思っていたけど、そういってくれたのが本当にうれしかった」と遥香は語った。

それを聞いてホッとした。この状況で家に帰ることができずにいたら、再犯は時間の問題だったろう。とりあえず、安心して寝られる居場所があれば、再犯の可能性はグッと減る。

遥香は自宅に帰ったあと、家に帰れなかったときのことについてママにたずねたが、病気だったから覚えていないといわれ、そのことについてはパパも答えてくれなかった。

遥香には、自分は愛されていないという実感だけが残った。

家に帰れなかった悲しさは怒りに変わっていき、親が嫌がることをわざとするようになった。喧嘩《けんか》が増え、溝《みぞ》は深まるばかりとなった。

試験観察期間に定期的に報告にいく調査官だけが、遥香の話を聞いてくれる唯一の大人だった。家族との関係についてアドバイスをくれたり、調査官の言葉が心のブレーキになったこともあるという。

しかし、誰かにやさしくされるたびに、「どうしてうちの親はこうじゃないんだ、こんな親じゃなかったら」と思う気持ちが強くなった。

一度狂った歯車は噛《か》み合うことのないまま２ヵ月がたち、そして審判の日を迎えた。

結果は、少年院送致。

「きっと親が入れたんだ」

そうとしか考えられず、親との関係は修復しないまま、少年院での生活がはじまった。

遥香は自分の感情を出さず、敵をつくらないようにし、猫をかぶって生活していた。自分がこうなったのはすべて親のせい。

「自分、このままじゃダメかな」

しかし、少年院で生活するうちに少しずつ変化していったという。

「一度注意されたことはもうしないように注意していると、自分にそれが自然に身についたりして」

それは、何か大きなものではなかったが、日々の生活の中で見つけることができたことだ。

最初のきっかけは運動会だった。優勝を目標にみんなで力を合わせて頑張れたこと、そしてそのとき、何かを得たという感覚ではないが、自分の中に初めて問いが出たという。

「自分、このままじゃダメかな」

私は「少年院にいたときってどうだった？」と聞かれたとき、必ず「心がきれいになれた」と答える。

頑張れている自分を好きになることができた。心が満たされていると、自分に余裕ができる。そして満たされた環境では自分を客観的に見ることができた。

なぜそれができたかを聞かれると、答えは「わからない」。

だが、真剣に向き合う人がいることや、一生懸命に物事に取り組むことができる環境が、本来自分の持っている気持ちを素直にさせてくれたことは確かだ。私の場合、犯罪行為についてはまったく反省していなかったが、自分自身と向き合う内省《ないせい》はかなり有効な時間だったといえる。


大きな出来事はなかったかもしれないが、少年院での生活は、遥香がそれまで送ってきた生活のように、寝る場所を探すこともお金の心配もいらない。

食事と睡眠、そして自分と向き合ってくれる先生たちのおかげで、変わりたいと思う十分な理由になるだろう。

「少年院にきて、いちばん変わったなって思うところは？」

「人の思いを考えるようになった。いままでは自分さえよければいいと思っていたし、つらいときは自分も相手もどうでもいいって思っていたけど、自分を大切にしないと相手を大切にできないということを知りました」

いままで、誰かのせいにすることで自分を保つことができていた。自分を認めてくれない親が悪い、信じてくれない親が悪い、そう思うほうが楽だから。

しかし、遥香の中に生まれた小さな「気づき」によって、少しずつ考え方を変えることができるようになってきた。

「自分の人生は自分のものだけど、人を裏切らない人生を送りたい」

遥香は、これまで自分がされたことは主張していたが、自分がしたことについては、何もいってこなかった。親、彼氏、友だち。裏切られた思いをしたかもしれないが、「じゃあ、自分は相手を傷つけてこなかったの？」というふうに自分自身に問うことはなかった。

「私はなんにも悪くないのに」

でも、どちらが悪いという判断をすることが重要なのではなく、自分自身の問題点に気づくことが大事なのだ。自分に起きた問題を他人のせいに置き換えていたら、本当の居場所を見つけることなどできない。

いままでの遥香はその問題点と向き合えていなかった。

ここにきて11ヵ月、ようやく遥香は自分の居場所を感じることができるようになってきた。

家族からの手紙や面会を通し、自分の居場所が家にあることに気づいたこと。

今回の事件のことで、パパが涙を流してくれたこと。

家族面会で家族と一緒にご飯を食べたときに感じたあたたかさや、ばあばがいってくれた言葉……。

遥香にはまだまだ、不安定なところがあるというのが率直な感想だ。しかし、自分の問題点と向き合うことができたことは、とても大きな一歩だと私は思う。

社会の人たちは、少年院で更生《こうせい》してきたはず、と大きな期待を勝手に持つが、10代の少年がこれからも生きる道に迷うことは多々あるだろう。

それは非行少年にかぎらず、すべての少年にいえることだ。

迷うことは誰にでもある、そのときに、「育て直し、育ち直し」を社会でおこなうことができれば、自分を傷つける子や、人を傷つけてしまう子はいなくなると私は思っている。

遥香はここを出たら、高校卒業程度認定試験を受け、進学したいといっていた。

将来の夢は、養護教諭。きっと遥香はこれからも迷うだろう。

迷っても、失敗しても、何度でもやり直して自分の夢を追ってほしい。

第6章　人は変われる——その後の佳奈2

佳奈に家族ができた

２０１９年2月、佳奈が良心塾から姿を消してから半年が過ぎようとしていた。

佳奈はあれからどうしているのだろう。

電話もつながらず、ラインも既読にならない。すでに再逮捕され少年院に再入院しているのではないか。そう思いはじめていた。

ドキュメンタリー映画『記憶』の撮影は大詰めで、会議ではラストシーンについて毎回議論されていた。

最後の決定権は監督の私にある。私が大事にしたかったのは、この映画で何を伝えることができるか、ということだ。リアルを伝える。本当に社会で起きている現実を知ってもらう。だから、ラストはありのままを伝えると決めた。

映画は挿入される再現ドラマの撮影が終わり、最後の編集に入った。

佳奈が出院してから1年が過ぎ、寒い冬が明けた。半年前の佳奈の泣いている顔を思い出すたびに、胸が苦しくなる。

佳奈が欲しかったものはなんだったんだろう。手を差し伸べることができなかった自分。無事でいることを祈ることしかできなかった。

人ひとりが姿を消しても、何も変わらない世の中がこわかった。
心配してくれる人がいるということは、本当に恵まれていることだ。

桜が咲きはじめた3月中旬過ぎ、ＳＮＳのメッセージメールの通知があり、開いてみると1通のメールが届いていた。

「うちやで、すえこさん、元気しよっと？」

それは佳奈からのメールだった。

すぐに返信をした。

佳奈からの返信はすぐのときもあれば1日後のときもあったが、私は佳奈のリズムに合わせた頻度《ひんど》で連絡をとるようにしていた。相手の思いが重くなるということは自分も経験済みだ。ありがたい気持ちでも、ときにはウザったくなるときもある。

とにかく、佳奈は生きていた。それがわかっただけでもうれしかった。

恵まれた環境ではない生活を送っていたのであれば、きっと犯罪ゼロの生活ではなかっただろう。しかし、私にとってはそんなこと、どうでもよかった。とにかく生きてさえいれば、何度でもやり直すことができるのだから。

佳奈は現在、彼氏と一緒に暮らしているといっていた。

数回やりとりをしていたある日のこと、佳奈から、「うち、結婚するんやで」と、報告のメールがきた。

佳奈は幸せをつかもうとしている。本当にうれしかった。

外を見ると、数日前に咲きはじめた桜が満開になっていた。

同時期にSNSに投稿するようになり、結婚したことやおいしいものを食べたことなど、幸せな日常がアップされるようになった。佳奈が自分自身で手にした幸せ。佳奈が幸せを感じることができているのがなによりだった。

数日後、「彼と結婚したよ」と報告メールが入った。

「おめでとう！」そう返信した。

ずっとひとりだった佳奈に家族ができたことは、とてもうれしいことだった。

早く赤ちゃんがほしいと佳奈はいっていた。家族というものにあこがれているのかもしれない。

私自身は子どもの存在があったから強く生きていくことができた。人は何か守るものができると強くもなれるし、子どもがまた自分を成長させてくれる。

7月、ドキュメンタリー映画『記憶』は完成した。

舞台挨拶《あいさつ》やトークショーで必ずされる質問は、佳奈のその後についてだった。

映画では描けなかった佳奈の現況を教えると、涙を流し「よかった、よかった」といってくれる人やこれから先の人生を心配する人など、さまざまな声が聞こえてきた。

そのころだろうか、佳奈のＳＮＳが少し荒れはじめてきた。

結婚相手は佳奈より一回りくらい上で30歳。お互いのＳＮＳはラブラブ投稿が多かったが、男のほうの投稿が止まり、佳奈の投稿には、喧嘩《けんか》した内容や、体調不良で緊急入院したこと、理不尽な対応をする旦那《だんな》の愚痴《ぐち》がつづいた。

佳奈に連絡しても、「大丈夫」としか返信はこなかった。

７月中旬ごろ、警察がくるほどの喧嘩をしたという投稿を最後に、ＳＮＳの投稿とラインの連絡がぱったり途切れた。

入院したのか、逮捕されたのか、それとも病《や》んでいるのか、生きているのかもわからない。連絡手段だったラインは既読にならなくなった。

待つしかなかった。きっとまた連絡をくれる。

これまで佳奈は、自分が「いいとき」にしか私に連絡してこなかった。「いいとき」というのは、いい報告や頑張れているときだ。その逆である「悪いとき」は一切連絡してこない。

悪いときを知られたくないのか、それとも……。

「いい大人に出会ったことがないから」

良心塾の女子寮で佳奈がいった言葉だ。佳奈がいままで出会った大人は、嘘《うそ》をつく人ばかりだった。そして何度も裏切られた。

自分が困ったときや苦しいときに、佳奈が「助けて」ということができないのは、どうせ誰も助けてはくれない、もう仕方ないとあきらめているからかもしれない。

初めて聞いた「ありがとう」

それから1ヵ月が過ぎた。

「すえこさん、うち、元気やで。いま、辻《つじ》さんとこにおる」

8月14日、何もなかったかのように佳奈から連絡がきた。

世間はお盆休みに入っていた。佳奈に何かあったことは間違いないと思うが、本人は何もなかったように振る舞っていた。

「辻さんて、どちらの方なの？」

「辻さんは辻さんやで」

こりゃだめだ、と思い、とにかく佳奈と辻さんという方に会いにいくことにした。

その時期、通信制大学の勉強と仕事と映画の上映会のことで、とにかく私には時間がなかった。やっと日程調整することができ、９月の中旬の土曜日、私はカメラとともに新幹線で大阪に向かった。

当日は、駅に辻さんが迎えにきてくれることになっている。

新大阪から大阪に出てＪＲ大阪環状線に乗り換え、待ち合わせの駅に向かった。改札を出て、きょろきょろしていると、笑顔で私のほうに寄ってくる人がいた。背が高く、まっすぐなストレートの黒髪、色が白くて、まるで日本人形みたいだ。その人が辻さんだった。

名前は辻由起子《ゆきこ》さん、私と同年代だ。

大阪府子ども家庭サポーターの辻さんは、社会で生きづらさを抱《かか》える人を支援している方で、社会福祉士、保育士、和歌山市家庭教育支援アドバイザー、ソーシャルワーカーなど肩《かた》書《がき》はひとつではなく、多方面で活躍している。

辻さんの話では、現在、佳奈は辻さん宅に居候《いそうろう》中だが、少し前から運転免許を取るために自動車学校の合宿に行っているとのこと。今日は辻さんが佳奈のいる合宿先まで連れていってくれることになっている。

車に乗り込み、シートベルトを締める。辻さんに許可を得てカメラを回しはじめた。

佳奈に関することは予備知識を持たずにいたかったので、目的地に着くまでは辻さん自身のことを聞くと決めていた。事前に知っていることで、言葉を用意してしまう自分になりたくなかったからだ。佳奈にはずるい大人は通用しない。

辻さんは、こちらからいうまでもなく自己紹介をしてくれ、会話をしながら私が聞きたいことにほぼ答えてくれた。


辻さんは私と同様、10代で結婚、出産したそうだ。かといって私のように非行少女だったわけではなく、レベルの高い進学校に通い、世間知らずの箱入り娘だったという。

当時、飲食店のバイトをしていた辻さんは、バイト先に客としてきていた男性と知り合い、恋に落ちて結婚した。だが、結婚直後、男性は豹変《ひょうへん》した。本当の姿を隠していたわけではなく、夫となった人は解離性同一性障害《かいりせいどういつせいしょうがい》という精神障害を抱えていたのだ。

解離性同一性障害とは、かつては多重人格症と呼ばれ、ひとりの人間の中にまったく別の人格（自我《じが》同一性）が複数存在する神経症だ。厚生労働省のＨＰには、子どもの時代に適応能力をはるかに超えた激しい苦痛や体験（児童虐待《ぎゃくたい》の場合が多い）による心的外傷《しんてきがいしょう》（トラウマ）などが原因と書いてあった。

憶測《おくそく》ではあるが、この精神障害のために人間関係はもちろん、仕事もうまくいかず苦しんできたのではないだろうか。

社会生活を上手に送ることができなかった夫が行き着いたのは、反社会的勢力組織、ヤクザだった。薬物と暴力をセットにし、結婚生活は望んでいたものとはほど遠く、辻さんは幸せとはけっしていえない生活を送っていた。

出産後に真っ先に思ったことは、「この先、苦しみが待っている」という絶望だけだったという。

暴力を振るい収入のない夫と幼い娘を抱え、朝から晩まで働いた。

苦しかったけれど、幸せなフリをしたかったから、誰にもいえなかった。

母親になりたいのに誰も子育てを教えてくれない。そして母親になった瞬間から、まわりからは「母親なんだから」「母親だったら責任もって」といわれつづけ、心がどんどん壊れていった。このままでは自分が本当に壊れていくと感じたそうだ。

その後、23歳で夫と離婚し、そこから自分が生き直すため、そして同じように苦しむ人を助ける力をつけるために大学に進学し、学びを得た。

辻さんは、当時のことを振り返り、あのときは自分に何が必要だったかわからなかったけど、いまならわかるという。その答えは、

「親を支える支援がいちばん大切」だということ。

辻さんの話はとても興味深いことばかりだった。離婚した夫の話はもちろん、自分の人生を巻き返したような生き方や、過去の出来事を自分の力に変えていこうとする姿に深く共感

した。

車を40分くらい走らせ、目的地の自動車教習所に着いたが、会話に夢中になりあっという間の時間だった。

自動車教習所は広大な敷地と緑が豊かな場所にあり、中に入ると若い子たちであふれていた。

辻さんは佳奈の教習時間を把握《はあく》しているようで、あと15分くらいで空き時間になるという。時間は11時30分ごろだった。教習所のロビーのようなところに休憩所があり、そこで待つことにした。

「ほら、あそこにいるわ」辻さんは喫煙所のほうを指さした。

佳奈は休憩時間になったのでこちらに来る前に一服しているようだ。少しすると佳奈らしき女の子がこちらに向かって歩いてくる。

「ひさしぶりー」と声をかけたら、微笑《ほほえ》むような笑顔で「はい、ひさしぶりです」と佳奈が答えた。

じつはこのとき、とても驚いていた。良心塾で会った佳奈は、少年院にいたときと外見もしゃべり方もがらりと変わってしまっていたが、今日ここで会った佳奈もまたまったくの別人のように見えたのだ。

どう変わったかというと、外見の服装や髪の色とかではなく、顔の表情だ。前のときは町ですれ違っても気づかないかもしれないと思ったが、今回はそういった変化ではない。佳奈だということはわかるのだが、おだやかな顔をしているので、よく似ている佳奈の姉妹です、といわれたらそうなのかと思ってしまう。

正直、「この子、こんなにかわいい顔していたっけ？」と思うくらいかわいらしかった。

「佳奈、生きててよかったね」

とニヤリと笑いながらいうと、佳奈も冗談が通じたのかニヤリと笑い、そのあとに苦笑いをした。

午後から講義の授業になるとのことだったので、それまでのあいだにお茶をしながら話をすることになった。

すると辻さんが「佳奈、お昼にパン買って持ってきたで。食べな」と袋に入った数個のパンを佳奈に渡した。

教習所の合宿所のご飯がおいしくないと辻さんにラインしていたらしく、せっかく会いにいくのなら、と佳奈の好きそうなパンを用意して持ってきたそうだ。

「ありがとう」

佳奈は辻さんの顔を見てお礼をいった。
ありがとう――。ふだんよく使う言葉であり、よく聞く言葉だけど、佳奈の「ありがとう」を初めて聞いた気がした。

あっという間に破綻《はたん》した結婚生活

私たちはしばらく運転免許のことや食べているパンのことなどの雑談をした。女子が3人そろえば会話は尽きないものだ。

30分ほど女子トークをしたあとに、私は取材の協力者である佳奈に映画が完成したことを報告し、メールで聞いた結婚したという近況を映画のラストに入れたことを話した。

結婚という話が出たとき、佳奈と辻さんは目を見合わせ、苦笑いした。理由はわからないが、二人の苦笑いは、「あはは、その話ね」みたいな、いまさらという感じに見えた。

佳奈に、あのときからの話、それと結婚後、しばらくしてから連絡がとれなくなってしまった期間のことも話してほしいとお願いした。

「もう大丈夫、話せるよ」

とゆっくりうなずき、良心塾を出てからの1年あまり……、その空白の時間を佳奈は話しはじめた。

あの日、良心塾を出た佳奈は、知り合いを通じて解体業をいとなむ社長を紹介してもらい、堺市《さかいし》に移り住んで働きはじめた。社長は佳奈のこれまでの境遇《きょうぐう》を聞いて、親身になってくれたそうだ。

その後、夫となる山口さん（仮名）と知り合った。19歳と30歳、年齢が離れていることから妹のように扱われていたそうだが、いつしか恋愛に変わっていった。

山口さんは防水の仕事を自営でやっていて、仕事もお金も充実していたそうだ。

二人は茨木市《いばらきし》で同棲《どうせい》をはじめた。

佳奈から私に、結婚報告の連絡がきたのはこのころで、佳奈が幸せそうなことをラインやSNSに投稿していたときだ。

佳奈は夫の仕事を手伝い、休みには一緒にお出かけする。車のイベントやショッピングなど充実した毎日を送っていた。

しかし、一緒に暮らしはじめてしばらくすると、毎晩のように喧嘩をするようになった。

喧嘩の理由は仕事がうまくいかないとか八つ当たりとかで、夫の機嫌の悪いときにはじまる。夫は喧嘩のたびに暴れて、ひどいときは週に3回も警察がくることもあったという。佳奈の話とこれまでのSNSの投稿を照らし合わせてみると、話している状況がよくわかった。

喧嘩がひどいころ、佳奈は精神的にまいっていて、ストレスから入院したこともあった。二人の関係はどんどん悪化した。そのころから夫はクスリに手を出すようになり、生活はめちゃくちゃになった。

幸せな結婚生活は長くつづかず、仕事をしないから収入もない。お金はすぐ底をついてしまった。

佳奈によると、夫に何が起きていたかは知らないけど、現役ヤクザとの深い関わりがあったことから、なにか下手《へた》を打ち、そのことでヤクザから追われるようになったそうだ。

家賃も携帯に払うお金もなくなり、行き場のなくなった二人は、車で生活せざるをえなくなった。ちょうど佳奈との連絡がプツリと切れたときだ。連絡しないのではなく、連絡手段がなくなっていたということだ。

車中泊は1ヵ月近くつづき、その生活は二人を精神的に追い詰めた。

「もう、どうでもいいや」

ヤクザから逃げることをあきらめた二人は、ヤクザに仕事を手伝うようにいわれ、違法DVDの売買をするように命じられた。

佳奈は、この生活をいつまでもつづけていくことはできないとわかっていた。夫である山口さんを説得し、一緒に交番に行くことを決意した。

「いまは、ひとりじゃないから」


わかってくれる人を探してまちに出て、気がついたら犯罪にそまっている。

誰も相手にしてくれない、自分がいったことが通らない、信じてくれない。

大人は自分に都合のいい言葉を使って子どもにいうことを聞かせようとするけれど、それが子どものストレスになる。

ストレスがたまったら、自分を傷つけたくなる。

自殺未遂は大人に助けてもらいたいというサイン。アピール。

自分は生きたい。自分のことをわかってというアピールなんだけど、大人や親には届かない。


佳奈が書いた大人へのメッセージだ。辻さん宅で自分の気持ちを用紙に書いたものだと聞いている。

いま、この瞬間も、夜の街を彷徨《さまよ》う少女たちは、佳奈と同じことを思いながら、生きる道を探しているんだろうな。

うまく生きていくことができないのは、佳奈だけが悪いのだろうか。

社会では、自分を守る術《すべ》を知らない小さな声は、こうして埋もれていく。

ここまでの話を佳奈から聞いて、同情とか一言で済ますことができない感情を持った。

私が中学生のころ、初めて家出をしたときのことだ。親がいやだとか喧嘩したとか理由があったわけではなく、みんなと遊んでいて帰るタイミングを失くし、なんとなく家出になってしまった。

家出中は、毎日、朝起きると、今日の寝床《ねどこ》の心配をし、食べるものは人におごってもらったり、お金を借りてどうにか過ごしていた。

親に見つかったとき、正直ホッとした。これで家に帰れるって。

大人になり、結婚して夫婦喧嘩をしたときも、実家という行き場所があった。

私はひとりじゃなかった。

家族がいるということ、助けてくれる人がいるということが当たり前のことだった。だから、そういった人がいない人の気持ちなんて、考えたこともなかった。

佳奈は、交番に行った理由をこう話している。

「ホゴカン（保護観察）ついてたから、保護してもらえると思ったから」

佳奈が交番に行くと決めたことは、とても勇気ある行動で、自分の人生をちゃんと考えている行動だと思う。

しかし逆にいえば、帰る家も頼れる人もいない佳奈には、そうするしかなかったということだ。

佳奈が交番に行ったことに、私は安堵《あんど》感と、孤独で生きるというつらく悲しい現実を思い知らされた気がした。

交番に行くと、未成年の佳奈と成人している夫はすぐに別々にされた。それ以降、夫である山口さんがどうなったかはわからない。

佳奈は自分が保護観察中であることを告げた。

警察官は佳奈の保護司さんに連絡し、連絡を受けた保護司さんが駆けつけてくれたが、そこでのやりとりは短く、交通費の２０００円を渡され、

「これで明日、保護観察所に行くように」といわれただけだった。

佳奈は渡された２０００円を持ち、ひとりで保護観察所に行った。

保護観察所では、どうしていまに至ったかを聞かれ、佳奈は保護観察官から衝撃《しょうげき》的なことを聞かされる。自分の結婚相手である山口さんは、既婚者であったということ。そして５人の子どもの父親でもあった。

知り合って１年以上一緒にいたが、結婚しているとか子どもがいるというそぶりはなかっ

た。だが、自分と結婚生活を送っていたのは偽《いつわ》りの夫だったということだ。

佳奈はこの事実を知ってどう思ったのだろう。

「心の整理はできたの？　未練《みれん》とか？　逆に憎悪《ぞうお》とか持ってないの？」

私が聞くと、佳奈はもう心の整理はついたという。

「もう大丈夫です。いまは仕事とか一生懸命やって、きれいになって見返してやりたい」

これが本心なのかどうかはわからないが、先に進み出そうとしている佳奈に、いまはこれ以上聞く必要はないと思い、聞かなかった。

強がっている部分もあるだろう。

辻さんがあとからこのときの佳奈の様子を聞かせてくれたが、最初は保護観察所の人のいっていることを信じなかったそうだ。保護観察所から辻さん宅に引き取られたあとも、スマホで山口さんに迎えにきてほしいと連絡を送っていたと聞いた。

それでも先に進もうと思ったのには、佳奈なりの理由があった。

「いまは、ひとりじゃないから」

佳奈がいった言葉だ。

ひとりじゃない。そう感じることができたから先に進むことができたのだ。この言葉には辻さんという存在が大きく関係していた。

自分のことをきちんと怒ってくれる人

佳奈が辻さんのところに行くことになった経緯は、偶然《ぐうぜん》が重なったことで可能となったと辻さんが話してくれた。

保護観察所に佳奈が行ったのは8月中旬、ちょうどお盆休みになっており、引き受け可能な更生保護施設が休みになっていた。受け入れ先が見つからないという理由で、保護観察所の担当者が、いままでにもつながりがあった辻さんのところに相談をしてきたそうだ。

「わかった、その子にとりあえず面会しにいくわー」

そう答えた辻さんは、すぐ保護観察所に向かった。

このとき、じつは辻さん宅では、自分の娘が就職で家を出ることになったことで、男子を受け入れる予定でいた。しかし、就職先の意向で娘さんの勤務先が自宅から通勤できる場所になり、ひとつ屋根の下に男女を一緒に生活させることはできないという理由で、男子の受け入れをキャンセルせざるをえない状況になっていた。つまり、女子しか引き受けられない状態であったということだ。

お盆休みということ、辻さんが受け入れる環境がととのっていたということ、それらの偶然が重なり、佳奈は辻さんにあずけられることになった。

佳奈は辻さんの第一印象をこういった。

「めっちゃ面白い人だと思った。車の中でずっと笑ってたわ」

以前、インタビューで女性が苦手といっていたが、辻さんに対しては好印象を持ったようだ。

辻さん宅に引き取られた翌日、二人は身のまわりのものの買い出しに車で出かけた。これにかかる費用はすべて辻さんの善意から出ており、どこからか助成金をもらっているわけでも、もちろん保護観察所からもらっているわけでもない。佳奈の教習所の費用も辻さんが用意したそうだ。

お金がすべてではないが、そういったことも含め、辻さんのまっすぐな思いや器《うつわ》の大きさを佳奈は感じ取っていたのかもしれない。

佳奈が教習所に通うきっかけとなったのは、この日の買い物で、ある気づきがあったからだと辻さんはいう。

目的地で買い物をすませ、自宅へ戻る帰りの道を車で走っていたところ、助手席の佳奈が「どうして遠回りするの?」と聞いてきたという。

「この道知ってるんか?」と聞くと、「初めてだよ」と佳奈は答えた。

まったく土地鑑《とちかん》のない場所で、一度も通ったことのない道を通っているのにもかかわらず、自分の向かう方向がわかるということだ。それだけではなく、佳奈は行きだけ送ればどこからでも迷わず帰ってこられた。

このことから辻さんは、佳奈の方向感覚と空間把握《はあく》能力がすぐれていることに気がついた。映像記憶も抜群によく、車が好きという話と合わせて、車の運転をする仕事が向いていると思い、教習所に通うことをすすめた。

辻さんは、私にこういった。

「うちの子、できる子やで。いやー、この感覚は尊敬するわ」

聞いていた佳奈は、照れくさそうに笑った。

佳奈にとって、自分という存在を初めて認められた瞬間だったにちがいない。

佳奈が辻さんを信頼する以前に、辻さんが佳奈を信頼していたからこそ、この関係が成り立ったのだと思った。

もうひとつ驚いたことがあった。

それは、ルールについてだ。辻さんのところでは、

「自分の心を我慢《がまん》してまで人のいうことを聞かない」

というルールがあった。

これまで佳奈が育った施設も、少年院も良心塾も、ルールに従いなさいということが前提にあった。だが辻さん宅では、自分を犠牲《ぎせい》にしてまでまわりに合わせなくていい、いやなことに無理に従わないということが決められている。

大人でもできないことを子どもにいうのはおかしい、これが辻さんの考えだった。

「こんな時間に食べたらまずいなーって思いながら食べる夜中のチョコは、最高においしくて」

と、自分でダメと決めていても守れないことがあることを、辻さん流のたとえで話してくれた。

たしかに、そうだ。私だって今日は飲みすぎないようにしよう、と思いながら飲みにいって調子に乗って飲みすぎちゃうことや、楽しすぎて時間を忘れ、終電を逃《のが》しタクシーで帰ることだってある。こうした大人のついうっかりは許され、子どもにだけは従わせるというのは、たしかにおかしい。

自分が10代のころ、「大人はずるい、大人は汚い」と思っていたが、そう思うときは「子どもなんだから」と、理不尽《りふじん》なことを押しつけられるときだった。

辻さんは大人とか子どもではなく「人として大切にすべきこと」を大事にし、そのことを佳奈は理解しているのだと思った。

佳奈は、辻さんのことを、

「自分のことときちんと怒ってくれる人」

といっていた。

私自身も、立ち直りのとき、信じてくれる大人の存在がとても心強かった。佳奈のその気持ちがよくわかった。

怒ることがあったとしても、それは佳奈を否定するためではなく、きちんと向き合ってくれているからだ。それがちゃんと佳奈に伝わっている。

ルールで驚いたことはまだあった。佳奈が辻さん宅で暮らすにあたり、タバコを吸う場所を限定したそうだが、佳奈はその約束をしっかり守っているという。

「なんで守れてるの？　良心塾ではルール守らなかったじゃん」

と聞くと、佳奈が答えた。

「辻さんはタバコが苦手だから」

ルール云々《うんぬん》の前に、自分の吸うタバコでいやな思いをさせたくない、その思いが結果的にルールを守るという行動をとらせたということだ。

佳奈がルールを守るようになったのは「強制」ではなく「思いやり」だった。思いやりは相手との「信頼関係」から生まれ、その関係性の中で、ルールを押しつけるのではなく自ら守ろうとする心が育っていた。

佳奈がいっていた。

いままでつまらないことばかりだったが、いまはつまらないと感じることがなくなった。なぜなら、いまは自分には話を聞いてくれ、受け入れてくれる人がいるから。

佳奈は、本当におだやかな顔だった。

２０１９年９月に教習所に通っていた佳奈は、10月末に運転免許を取得し、11月８日に辻さん宅を卒業することになった。佳奈は就職と同時にひとり暮らしをはじめる。新しい生活のスタートだ。

「ひとりじゃない」と思えること

２０２０年８月現在、佳奈は就職した運送会社で、無遅刻・無欠勤の勤務を継続させている。現在は、準中型の運転免許の取得のために教習所に通っており、いずれは大型免許を取得する予定だ。

20歳の誕生日を迎え、ようやく社会的にいろいろなことが認められる年齢になった。

成人式も仕事だったが、働いている佳奈はイキイキとしている。早いか遅いかは正直わからないが、これで佳奈の選択肢《し》は少し広がったというわけだ。

小さい枠《わく》の中で与えられた選択肢ではなく、自分の意思で進むことができる。

佳奈はいま、前を向いて進みはじめた。以前とはまったく違う佳奈だが、佳奈自身が変わったというより、環境が変わったことで佳奈の生き方も変わった、といったほうが正しいかもしれない。

そう考えると、自分を取り巻く環境というのは重要だとあらためて思う。

佳奈のこれから先？　そんなのは誰にもわからないことだ。

佳奈が自分らしく生きていくことができていれば、それでいいと私は思う。

失敗したら、何度でもやり直せばいいいんだ。

少年院に収容された４人の少女たちのストーリーはそれぞれであったが、共通していえることは、少女たちは加害者・犯罪者になる前に被害者であったことだ。

冒頭でもいっていることだが、だからといって犯罪をしてよい理由にはならない。

ここで重要としたいのは、彼女たちがこの先をどう生きていくかということである。

まだ人生の４分の１程度しか生きていない少女たちの、これから先の人生は長い。今後、被害者にも加害者にもならずに、これから先の人生をどう生きるかということだ。

いまの日本は「失敗の許されない社会」だと私は思う。

それは少年犯罪だけではなく、社会全般でそうだといえるのではないだろうか。枠に収まらない子、レールから外れてしまった子、道からそれた子の存在は認められなくなり、まるで大人の決めた枠の中にいる子だけが、生きていくことを許されているような社会だ。

こうした生きづらさを抱えた子どもの存在は、人々の意識から消され、社会は無関心となった。

「自己責任」という言葉も耳にするようになった。失敗は自己責任として切り捨てられる。だが、社会問題はけっして他人事《ひとごと》ではなく、自分自身にも関係しているということ、社会から見放された子どもたちがこれから社会で生きていくために何が必要なのかということを、いま一度考えてもらいたい。

社会にはさまざまな制度——親の養育や教育を受けることができない子どもを支援する制度、ひとり親を支援する制度、少年の更生《こうせい》を支援する制度などがあり、行政や民間、NPO法人などが仕事やボランティアとして関わりを持っている。職親《しょくしん》プロジェクトもちろんそうだ。

しかし、制度も支援も、運営するのは「人」だということを忘れないでほしい。どんな立派な制度であってもそれに関わる人に心がなければ、それは何の意味も持たないということだ。

少年院を出院して再犯をした私には、２度目の逮捕のとき、母の愛と信じてくれる大人との出会いがあった。

「ひとりじゃない」

あのとき、私もそう感じた。母の存在は安心感を与えてくれ、信じてくれた大人の存在には、自分を認めてもらえた気がした。

私の人生を大きく変えたきっかけであり、あのときに感じた気持ちや感情があったから、いまの私がいるといっていい。

しかし、現代社会には、こういった想いを知らずに育ってきた子どもが多くいるということを知った。

親が悪いと責めるつもりはない。愛情もボタンのかけ違いで、噛《か》み合わないときや気がつくのが遅くなってしまうこともある。親だってつらいときがあるということも、自分が親になって知った。

親だから当たり前とか、親だったらそうすべきと親だけに求めるのではなく、親にも必要な支援をしてほしい。そして、子どもに愛情を与えることができるのは親だけではない、ということも知ってほしい。

自分の幸せを心から望み、喜んでくれる人の存在からは、十分に愛を感じることができる。私自身、人に傷つけられたこともあるが、その傷を癒《い》やし、救い出してくれたのも人の存在だった。

人は誰かに傷つけられても、ほかの誰かの存在に助けられて、生きていけるんだ。

これからの社会で必要なこと、それは個々の意識の変化にあるのではないだろうか。目の前にある現実を知ろうとすることで、自らの意識を変えていくことができると思っている。

人は変われる。社会は変われる。

終章　やり直すことができる社会へ

自助グループ「セカンドチャンス！」

少年院出院者による自助グループ「セカンドチャンス！」は、設立者である、元法務教官で現在は静岡県立大学の津富宏《つとみひろし》教授と、自身も出院者である才門辰史《さいもんたつし》現代表との出会いからはじまった。少年院を出院したあと、才門代表は夜間大学に進学し、そのときの講師が法務教官の経験をもつ津富教授だったのである。

法務教官と少年院出院者が社会で出会うことは、ひとつの例外を除いてほとんどないといっていい。例外というのは、再び犯罪をしてしまい、少年院や刑務所で再会するという最悪のパターンだ。

奇跡的な二人の出会いによって、２００９年、更生《こうせい》にたずさわる支援者と少年院出院者たちによる自助グループという新しい形のＮＰＯ団体「セカンドチャンス！」が生まれた。

私たちは少年院にいるときに、「社会に出たら少年院に入っていた人と会ってはいけない」と教えられていた。理由は、再犯につながる可能性が高いからである。

少年院でおこなっていた教育とは異なる「少年院出院者が出院者を支援する」といういままでにない形の支援グループをつくり出したのは、津富教授がスウェーデンにある「ＫＲＩＳ（クリス）」という団体を視察したことからはじまった。

ＫＲＩＳは１９９７年、元犯罪者たちによって設立された。過去合計30年間刑務所に入っていたボスのクリステル・カールソンが、数人の元犯罪者の友人たちと立ち上げた自助組織である。カールソンは刑務所でさまざまな更生プログラムを受けたものの、更生できず、再犯をくり返していた。

しかし、彼は犯罪をくり返す人生を望んでいたわけではない。

本当は人生を真っ当に生きていくことを望んでいた。それならば自分たちでやってやろうと、元犯罪者の友人たちとともにＫＲＩＳを立ち上げた。

ＫＲＩＳの特徴は「過去に罪を犯した」という同じバックグラウンドを持った者同士が支え合い、助け合いながら社会復帰をしていくところである。「セカンドチャンス！」もその特徴を取り入れている。

私は「セカンドチャンス！」立ち上げから関わっているメンバーだ。団体名は、「何度でもやり直せる！」という思いから決めたものだ。

設立時は、当事者と呼ばれる少年院出院者と、その当事者を支えるサポーターと呼ばれる人たちが集まった。サポーターには、元法務教官、元保護観察官、弁護士、大学教授などさまざまな人たちがいた。

集まった人たちの共通点は、「当事者支援」の可能性を信じてくれていることだ。支援する側、される側ということでなく、当事者同士の支え合いということだ。

私たちのように過去がある人間が、社会で信用されるようになることはなかなかむずかしい。それは自分自身が生きてきたなかで、何度も感じた。

しかし、社会的に信用がある人が「この人、大丈夫です」と示すと、自分たちが社会的に大丈夫な人に変わることを知った。ムカつくけれど、それが現実だった。

一度なくした信用を取り戻すのはむずかしい、いつもそう聞かされてきた。社会に出るとこの言葉の意味がよくわかった。

いつまでたっても私は「レディースの総長」といわれ、何かあると「やっぱり過去にそういったことがあるから」とか「そんな人に任せて大丈夫？」といった偏見《へんけん》、差別ばかりだったからだ。信用されない自分よりも信用してくれない社会に対し、やり場のない怒りばかりがつのった。

そして結局、行き着くところは、「自分がしてきたことだからしようがない」というあきらめだった。

20歳を越え、子どもを産み母になったとき、子どもたちの自慢《じまん》のママになりたいと思った。

恥ずかしくない自分になりたい。社会で自信を持って生きていくことのできる自分になりたい、と思うようになった。自分の大切なものを守れる自分になりたい。

4人目の子どもがお腹《なか》にいるときに、いままで封印していた自分の過去を書籍にすることを決め、あらためて自分の過去と向き合った。

どうして自分は非行に走ったのだろう。自分は何が欲しかったのだろう。

思い出したくないつらいこと、自分を擁護《ようご》していたずるい部分、「記憶」を振り返ることで、たくさんの問いが出た。そうして問うたびに、新しい自分を見つけることができた。

自分のことがなんとなくわかってきたころ「セカンドチャンス！」との出会いを迎えた。

「どんな研究者より、君たちの経験が必要だ」

設立者である津富教授がいった言葉だ。

いままで、少年院に入ったことやレディース総長だった過去を隠して生きてきた。なぜなら、その過去は社会では認めてもらえないからだ。しかし、その経験が必要だといわれたときに、心が楽になった気がした。

いままでの自分を嘘《うそ》にしなくていいのだと、自分という存在を認めてもらえた気がした。

その過去も自分。そしてその過去があったから、いまの自分がある。

大事なのは、その過去をこれからの人生にどう活《い》かして生きていくかなんじゃないかなと思うようになった。

私には知識はないけど、経験がある。その経験を活かすことができるのならば、役に立ちたい。こうして私は「セカンドチャンス！」のメンバーとなった。

社会の中に頼れる人、頼れる居場所が必要

私たち「セカンドチャンス！」の活動は大きく分けて二つある。ひとつは交流会と呼ばれる少年院出院者の居場所づくりだ。

交流会は「少年院出院者」という同じ経験を持つ人同士が互いに支え合い、励まし合い、真っ当に生きるために集《つど》うことを目的としている。誰かが誰かを支援するのではなく、みんな平等で仲間という意識だ。交流会は現在、全国13ヵ所でおこなっている。

もうひとつの活動は、少年院講話だ。少年院を訪問して、自分たちの経験を語る。その内容は「セカンドチャンス！」のメンバーにしか伝えることができないメッセージを送ること。

私が初めて少年院講話に行ったのは、設立から間もないころだった。少年（少女）たちの前で、自分が非行に走ったときのこと、立ち直りのきっかけや社会生活で大事にしてきたことなどを話した。

話しているうちに当時を思い出し、涙してしまうこともあったが、みんな真剣に聞いてく

れていた。そして講話後に少年たちから質問を受けたとき、この子たちは15年前の私なのだと思った。

少年の不安や心配を聞くたびに、過去の自分を見ている気がしたのだ。

この子たちがこれから社会で生きていくには、まだまだつらいこと、大変なことが待っているだろう。迷いがあったとき、くじけそうになったとき、寄り添ってくれる人はいるのだろうか。躓《つまず》いて転んだら、立ち上がることができるだろうか。たくさんの思いがこみ上げてきた。

それらを経験し、いまの私がある。こうやって経験を伝えることで、「君はけっしてひとりじゃない」ということ、こんな私が変われたように、「人は変われる」ということを伝えていきたいと思うようになった。

世の中の人は、少年院に行くような子は非行の進んでいる子と決めつけ、そして、少年院を出て社会に戻ったときは立派に更生していると思っているが、これは間違った認識であると私は思う。

少年院で教育を受け、出院後に更生した生活を送るのではなく、「社会に戻って初めて本番がはじまる」のだ。

このときに重要となるのが社会生活を送る環境であり、新しくスタートするためには、本人の頑張りだけではなく、社会の理解が必要なのだ。その理解こそが少年の更正を左右する。社会で生きていくには、本人の努力だけではどうにもならないことがある。それは自分自身、何度も感じた。

少年が社会で助けを求めたときに、頼れる人、頼れる居場所が必要なんだと思った。そして、身近に感じることができる成功モデルの存在は、少年に希望を与えることを知った。法務教官ではなく、親でもなく、著名人や芸能人でもない。本人と同じ経験を持つ人、少年院の先輩が社会できちんと生きている姿こそが、大きな影響を与えることができると知った。

海外での自助組織のあり方はさまざま

日本にもさまざまな自助組織があるが、少年院出院者による自助組織は「セカンドチャンス！」が日本初だ。

少年とはいえ過去に犯罪経験がある私たちは、社会で受け入れてもらうハードルが高いために、設立当初の理解者はけっして多くはなかった。

先に書いたとおり、少年院では、再犯の可能性を考えて、出院者同士が社会で会うことを禁じている。２０１５年、66年ぶりに少年院法が全面改正される前は、法務教官が連絡をとることも禁止だった。要は少年院にいた過去はオープンにすべきではない、という考えだ。

ずっと何十年もそうだった歴史に対して、「セカンドチャンス！」は、出院者だからこそわかり合うことができると主張したのだから、その活動を理解しない人がいることは当たり前だ。

私たち当事者と呼ばれる仲間は、支援者の協力を得て、自分たち少年院出院者が社会で失敗せず、支え合い生きていく方法を模索《もさく》した。自助組織のあり方については、日本に前例がないため、先述したスウェーデンのＫＲＩＳをはじめ、アメリカ、イギリスの元犯罪者による自助組織や刑務所、支援団体を視察にいった。

海外の施設訪問は驚きの連続だった。

「俺たちに権利を与えろ！」と自己主張が強い自助組織があったり、自助組織が市、州から委託《いたく》され企業のように運営されているところ、また刑務所の廊下《ろうか》にコンドームが置いてあったりするところもあった。

コンドームは受刑者用のもので、エイズ予防に置いてあるという。基本、受刑者同士の性行為は禁止だが、ダメといっても行為を防ぐことはできないことから、せめてエイズ予防のためにコンドームを使用してくれ、という意味で置いてあると施設の人がいっていた。

少年院と社会のあいだに中間施設がある国もあった。中間施設とは社会生活を送るための訓練をする施設で、お金の使い方や仕事をするための準備や知識を身につけるところだ。

つまり、少年院から直接社会にポイと投げ出されるわけではなく、まず、手錠《てじょう》と塀《へい》のない施設の中で社会訓練を受けるということだ。

ここにくるのは、教育が必要と判断された人や自らこの施設を選んできた人などさまざまなケースがあった。運営については、行政組織から委託されている施設もあれば当事者運営の民間組織もあった。

出院後、出所後に行くことができる更生保護施設は日本にもあるが、海外のような中間施設は当時の日本にはなかった(のちに日本財団の職親《しょくしん》プロジェクトがこれに近い形をとっている)。

日本でこんなことができたらいいのに、と思うことも多々あったが、最終的に私が思ったのは、日本とは文化が違うということだ。

日本には海外のようにダメといってもやるならコンドームをつけろ、なんて斬新《ざんしん》な考え方はない。また、北欧のスウェーデンのように福祉が充実しているわけでもなく、助け合うことが当たり前だと思っている国と、偏見と差別の多い日本では、人々の意識が違う。この日本で、少年院出院者の自助組織を社会的に認めてもらうことは大変だろうと思った。

海外組織の視察は、よいことをそのまま取り入れるのではなく、よいことをどうすればこの日本でできるかを深く考えるきっかけをくれた。

できない理由より、できる方法を探す

「セカンドチャンス！」の仲間との出会いは、私自身にも大きな影響を与えてくれた。

地元に帰ればまわりには少年院出院者は何人もいたし、同じ少年院だった子と連絡をとり、会ったこともあったが、私のまわりにいる少年院出院者のほとんどが社会生活を円滑に送ってはいなかった。

不良時代と変わらない生活を送っている人、ヤクザになった人、逆にヤクザから逃げている人、薬物中毒やヤク中で死んでしまった人もいる。

一方、「セカンドチャンス！」で知り合った人たちは、社会で普通に生活を送り、私が想像もしなかったやり直しの人生を送っていた。

海外に留学した人、夜間大学で学んでいた人、高校1年生を4回やり直して大学に行った人、方法はさまざまだったけれど、「学ぶ」ということに再度挑戦していることを知った。

何歳からでも勉強はできる。そういわれたことは何度もあったけれど、「何歳からでもっていうけど、普通に高校いって大学いってた人が簡単にいうなよ」と思っていた。でも本当に何歳からでも勉強している人の存在を知り、私は自分が恥ずかしくなった。

私はいままでできない理由ばかりいっていた。

でも、自分はできないんじゃなくて、やらなかったんだって。

それから2回に分けて高卒認定試験（高等学校卒業程度認定試験。旧大検）に挑戦し、苦手な科目は科目履修生として高校に通うことにした。

もう言い訳をしない。

私はできない理由を探すより、できる方法を探すほうを選択した。

高卒認定の資格を取得したときには、もっと学びたいと思っていた。いまの生活のまま学ぶ方法を探してみると、通信制大学というものがあるのを知った。

入学相談にいくと、通信制大学の星槎《せいさ》大学ではたくさんの人が学んでいて、ほとんどが学び直しをしている人だった。自分より年が上で、親と同年代の人もいた。本当に何歳からでも勉強していいんだ、と思った。


大学に入学したとき、私は40歳だった。2回目の離婚をし、働きながら子育てしながらの勉強は、時間に追われ大変だったのは確かだが、私は「いまの自分がやっていることは、順番が違うだけで、一般女性が経験するだろう勉強、進学、就職、結婚、子育てをたまたま同時期にやっているだけ」と思うようにしていた。これはみんな経験することなんだって。やっと自分も普通の人レベルに達したかと思うと、なんだかうれしかった。

そして、経験だけしかなかった自分が知識を身につけることができたら、もっと説得力のある自分になれると思った。

大学では自分が興味のある科目を取って学んでいたが、私が興味ある内容は社会学というものだと教えてもらった。社会学に興味を持つようになると、講師の先生が社会科の教員免許取得を勧めてきた。

最初はなんかの冗談《じょうだん》かと思い、本気で考えることはしなかった。だが、自分の学びの到達点を設定していなかったこと、また、縁があり就職したところが私立高校であったことから、真剣に考えるようになった。

教師になるなんて、夢にも思っていなかったことへの挑戦。なんだかわくわくした。

通信制大学を4年で卒業するには、かなりのハードスケジュールとなった。土日はスクーリング、月に3～5本のレポートを書き、通勤時間は勉強時間となった。教員免許取得の勉強は社会科の専門知識だけではなく、教育学や哲学、心理学も学ぶ必要があった。

勉強って楽しい。人生で初めてそう思った。

勉強で身につけた知識で、私は物事を幅広い観点で考察することができるようになった。

それでも、ときにはやる気を継続することがむずかしく、何度も投げ出したくなることもあった。修学期間を延ばそうとか、教員資格をあきらめようとか。そんなときは、自分で自分を励ますようにしていた。

中卒だった私が大学に進学し、教員免許を取得することができたら、以前、多くの人がいっていた「勉強は何歳からでもできる」を説得力のある言葉にできるんじゃないか。

少年院にいる少年に、何歳からでも挑戦できることを証明できるはずだって。

私たちはヒーローになってはいけない

最初に少年院へ講話に行ったのは、「セカンドチャンス！」を理解してくれている方が院長をつとめる少年院だった。一度行った少年院で話を聞いた先生が異動し、また別の少年院に呼んでくれる。これのくり返しで、訪問できる少年院が増えていった。

また、サポーターの依頼でシンポジウムなどで話す機会を設けてもらったことで、そこから次につながっていくという感じに、本当に少しずつ認知されていった。

社会がどう変化していったかは、こっち側の私からすると定かではない。ただ、私たちが心に決めていたのは、私たち自身がしっかりと生きることだった。活動は仕事ではなくボランティアで、やらされているのではなく、みんなやりたいから集まっていた。

少年たちに居場所を提供していたのではなく、自分自身もそこに居場所を感じていたってことだ。

そういった地道な活動をつづけ、全国に同じ思いの仲間が増えていった。

その結果、再犯を防ぐことにつながり、当事者支援の「セカンドチャンス！」の必要性が認められてきたのだと私は思う。

私たちはヒーローになってはいけない。いつも心の中で忘れずに思っていることだ。

２０１５年、９つある女子少年院を全国制覇《せいは》し、２０２０年現在は、男子少年院の全国制覇を達成するために各地を回っている。

少年院訪問から見えるもの

少年院では、講話以外に院内交流会をやることや、出院後の生活指導、または少年院から依頼され、出院後の生活について個別に相談を受けることもある。

少年とコミュニケーションをとる機会が多いのは、講話後の質問時間だ。少年たちは言葉を選びながら、出院後の対人関係や、親子の関係について質問する。言葉を選びながらというのは、ルール違反をしないように言葉を選ぶということ。少年院では自分のことは話してはいけない。たとえば地元がどこであるとか、何をして少年院にくることになったかなどである。

これまでの訪問で多かった質問は「薬物をやめることができるか」という内容だ。深く考えずに薬物に手を出し、少年院の中で薬物の恐ろしさを知ることになる少年は多い。知れば知るほど「自分は薬物のない生活を送れるのか」、そう不安になる。

なぜなら、自分のまわりには薬物をやめられた人はいないからだ。

社会に戻っても、人間関係の中に薬物が蔓延《まんえん》している状態では、薬物をやめることをイメージすることさえできない。少年の身近には成功モデルがないのだ。

本当にやめることができた私たち経験者の存在は、少年に強いメッセージを伝えられる。

親との関係で悩んでいる子も、同様の理由で家族構成や状況を具体的に話すことができず、抽象《ちゅうしょう》的な言葉になってしまう。しかし、親子関係に限っては、じっくり聞けたとしてもとてもむずかしい問題だと痛感したことがある。

活動をはじめたころ、母親との関係に悩んでいる子からの相談に、「親と子だから、きっと理解し合える日がくるよ」と答えたことがある。でも、もし質問した子の親子関係がわかり合えるものではなかったら、私が伝えた言葉は期待を持たせただけになってしまう。

「親は子どものことを思っている」

これは私の考えや思いであって、親であっても子どもより自分のことしか考えていない親もいるということを、活動を通して知った。悲しいことだが、それは現実のことだった。

相談に答えることはむずかしい。だから私は、何かをいってあげなきゃ、という気持ちよりも、何かを聞いてもらいたいんだ、というところを大事にしていこうといまは思っている。解決策は他人が教えられることではなく、自分で向き合って見つけていくしかないからだ。それでも経験者として「きっかけ」だけは与えることができるかもしれない。だから伝える。

世の人は少年が少年院に収容される前の生活なんて想像さえしたことないだろうが、少年院には、収容されてから食事は三食食べることを知った子や、「いってらっしゃい」「ただいま」「おやすみなさい」の誰もが当たり前だと思っている日常で交わす言葉を知らない少年たちもいる。

それだけではなく、靴の揃《そろ》え方、お風呂の入り方、箸《はし》の持ち方など、幼少期に日常生活としてしつけられるべきことが身についていない。

少年院内の医務でいちばん多い受診は、歯科と聞いた。その理由は虫歯だ。「寝る前に歯みがきしなさい」とは誰もが幼少期にいわれたことがあると思う。しかし、そういわれずに育ってきた人もいるということだ。

自分の当たり前を「普通」と思ってはいけない。

放任、放置、虐待《ぎゃくたい》、ネグレクト、それぞれどこからが境界線なのかわからない。収容されるほとんどの少年がこういった状況にあるといえるが、自分の置かれている状況が理解できている子もいれば、気づいていない子や、気づくことを恐れている子がいるのもまた確かだ。

「職親プロジェクト」が届かない人

2013年からはじまった自立更生支援活動「職親プロジェクト」には2020年現在、172社の企業が参加している。

プロジェクトの対象者は就労意欲の高い者、初犯であること、犯罪傾向の進んでいない者となっているが、その中でも重大事犯、薬物事犯、強制わいせつ事犯は除かれる。

官民連携のプロジェクトは法務省、厚生労働省、企業、NPOなどが就労状況や課題を連絡会議で共有し、出所後の円滑な更生と社会復帰を支援することを目的にしている。対象者の住居は社員寮、更生保護施設、または中間支援施設（現在は3ヵ所ある）を利用する。

たとえば、職親プロジェクトを利用した佳奈の場合は、引き取られた職親参加企業が中間支援施設（良心塾）を運営していたので、美容院の仕事を辞めることになっても、他企業で働きながら規定の1年はいることができるというものだった。

一方、プロジェクト対象者の条件を目にして思ったことは、「よい制度ができるけど、本当に必要としている人が対象外になっているな」ということだ。

一概にはいえないことだが、帰る家がない子の場合、親が引き取らないケースが多い。佳奈のようにずっと児童養護施設で育った子もいれば、親の再婚により邪魔《じゃま》者扱いされる子、引き取りを拒否し、「そこから出さないでください」と少年院にお願いする親までいる。

そこにいたるまでの過程には家族もつらいことがあったのかもしれないが、更生の機会を与えられることもなく、また家族と和解することもできなかった子は、何度も少年院送致処分をくり返し、２回、３回と収容される。

少年の３人に１人が再犯をしてしまう（平成30年現在35・５パーセント）理由には、社会生活を円滑に送れないことが考えられる。なぜ円滑に送ることができないのだろう。そこで第１章で述べた官民合同勉強会が開かれ、社会生活に足りないものについて、官民協力のもと話し合いがなされた。その結果、良心塾のような中間支援施設が新たに設置された。

しかし再犯をした少年は先に述べたとおり、プロジェクト対象外になっている。

つまり非行が進んでいる子、立ち直ることがむずかしい状況にある子が対象外となっているということだ。少年の置かれた状況を考えると、本当にプロジェクトが必要な人に届いていないように思えた。

もちろん、これは私の考えであって、ゼロとイチでは大きく違うということもわかる。このプロジェクトで実績を出すことが、社会に開かれていく第一歩と考えることもできる。

「教育」よりもまずは「信頼関係」

２０１５年、私は東京エリアの中間支援施設立ち上げを少しばかりお手伝いすることになった。私自身はこういった活動をしているが、自分は支援者とは思っていなくて、どちらかというと非行当事者目線でものを考えてしまう。

実際に運営がスタートし、現場を見ているうちに、支援をする側とされる側の思いに大きな相違があることを感じた。

支援者はよかれと思われる教育を少年に、さあどうぞと用意するが、はたしてその少年はそれを望んでいるのかということだ。用意された教育は、傍《はた》から見たらうらやましいと思う内容であっても、少年にとってはそうではないように私には感じられた。

もちろん、用意された教育を否定するわけではなく、ＩＣＴ（情報通信技術）学習による若者支援プロジェクトを利用した教育などは、今後の就労に大きく役立つだろう。

しかし、少年側が大人をシャットアウトしている状態において、まずすべきことは、教育ではないと私は思う。そこが支援側と支援される側の相違だ。

以前、女子少年院に支援企業と私で訪問し、グループワークをしたときのことだ。ある少年（女子少年）が出院後の社会での居場所について「自分の居場所ができるか心配」と不安をいった際に、企業側のいい年をしたおじさんが、「うちの企業には寮があり、仕事の仲間がいるから大丈夫」と答えた。少年がいった居場所はそういう居場所じゃない。まったくわかってないと思った。

少年は、「自分がここにいてもいいんだ」と感じられる居場所ができることを望んでいる。大人に囲まれた少年が自分の望みを口にすることはない。なぜならいままで、望みを聞いてくれる大人に出会ってないからだ。支援者は支援の押しつけをするのではなく、相手を知ることからはじめる必要があると私は思う。

まわりの大人は、「〇〇社長を信頼して頑張りなさい」と少年にいうが、社長には「少年を信頼してやってください」とはけっしていわない。

企業の社会貢献はとてもすばらしいことだけれど、やはり人と人との付き合いには、まずお互いに信頼関係を築くことが大事だと私は思っている。

人が立ち直るのに必要なこと

職親プロジェクトの会議で知り合った東京の職親企業Iさんが、社会における差別や偏見について、自分の経験を踏まえて話してくれた。

Ｉさんと私が気が合うのは、過去があるという共通点があるからかもしれない。Ｉさんが話してくれたのは、反社会的勢力、つまりヤクザをやめてからの生活についてだ。

まず、ヤクザだった人が組を離脱し、真面目《まじめ》に正業に就いても、数年間は銀行口座をつくることができない。これは重要なことで、口座がないということはお給料の振り込みができないということ。職親プロジェクトのように理解のある企業はいいが、世の中のほとんどの会社は口座をつくれない人を雇うことはないだろう。

社会を守るためにできた制度であっても、社会は、犯罪というあやまちを犯してしまった人に対し、厳しい現実を突きつける。

もうひとり、職親プロジェクトをきっかけに親しくなった和歌山の企業「株式会社信濃路」の取締役副社長の冷水康浩《しみずやすひろ》さんに、「なぜ、職親をやろうと思ったのですか？」と聞いたことがある。すると冷水さんはこう答えた。

「僕がしてもらったことをしてあげたいと思ったからです」

冷水さんにも荒れた時代があったと聞いた。だが、就職した信濃路の社長さんは、やんちゃだった冷水さんを見捨てることなくずっと面倒を見てくれたそうだ。何度も警察に迎えにいき、冷水さんを見守りつづけた。

その雇用関係は現在も継続し、いまでは社長を支える立場となった。あのときのことがなければいまの自分はいないと話してくれた。

冷水さんに、「何があれば、人は変われると思いますか？」と尋《たず》ねると、迷いなくこう答えた。

「きれいごとかもしれませんが、『愛』だと僕は思っています」

愛を知らない子に愛を伝えることはむずかしいということも知っている。そうだと思っても「愛」を送ることをあきらめない、といった。

信濃路での少年の受け入れはこれまでに9名、うち3名が離職してしまったが、6名は現在も雇用を継続させている。3分の2の人が継続していることに驚いた。

企業側の意見として、継続できている理由と離職の理由として考えられる点をあげてもらった。

【継続理由】

・職場の上司（責任者）の対応が影響あるように思える。厳しくても向かい合う責任者の下に最初に配属になった者のほうが、問題もなく継続している。

【離職理由】

・転職のため。ただ虚言癖《きょげんへき》があり、スタッフとの関係も若干《じゃっかん》ぎくしゃくしていた。

・遅刻、無断欠勤、勤務態度があまりにもひどく、親身になって対応していたが改善せず。保護者が引き取った。

・遅刻、無断欠勤、勤務態度があまりにもひどく、女性関係もあったよう。ある日マンションもそのままにして飛んでしまった。

そのほか、制度に足りないこととして、情報共有をもっとすべきだともいっている。少年院での情報やそれ以前のことなど、成育歴や特徴などから内面的な状況を知ることで、事故を未然に防ぐことができるという。

社員は会社のこうした社会貢献活動を理解していることから、当事者は自分を隠す必要がない。居場所を感じることができる環境だと思った。

本当にきれいごとかもしれないが、人が立ち直るのには「愛」が必要なのだと私も思う。

◆参考資料　少年院送致から仮退院への流れ

ここでは、犯罪少年（14歳以上20歳未満で罪を犯した少年）が少年院送致となり、その後仮退院となる主な流れについて説明する。

❶まず、少年が犯罪をおこない、警察等がその少年を検挙し捜査をおこなった場合、原則としてすべての事件が検察官に送致される。送致には、筆者のように逮捕されて身柄拘束を受けたまま送致される場合もあれば、一度自宅に帰され、その後家庭裁判所からの呼び出しを待つ在宅送致もある。

❷検察官は、警察等と協力しながら捜査をおこない、少年の処分について意見をつけたうえで、事件を家庭裁判所に送致する（少年の更生を重視するため、犯罪が軽微であっても示談等にはせず、すべての案件を家裁に送る全件送致がとられる）。

❸家庭裁判所では、送致された事件について、まず少年の素質や環境について家裁調査官が本人や保護者などに調査をおこない、必要に応じて少年鑑別所に送致し鑑別をおこなう（これを観護措置という）。

❹少年鑑別所は家裁の観護措置を受け、少年の身柄を収容し、医学、心理学、教育学等の専門的知識に基づき、少年の鑑別（少年の性格や素質を判断し、非行の原因解明や処遇方針を提示）をおこなう。この収容期間はおおむね4週間で、事件によっては8週間まで可能だが、3週間程度が多いようだ。

❺家庭裁判所では、❸❹の調査や鑑別の結果を踏まえ、成人の刑事裁判にあたる少年審判を開く必要があるかどうかを決定する。審判の必要がないと判断された場合は審判不開始となる。審判開始が相当となった場合は非公開でおこなわれ、その処分は（1）検察官送致（逆送）、（2）保護処分、（3）不処分に大別される。また、調査の結果、処分の決定を保留し、家裁調査官の指導のもと一定期間試験的に社会生活を送らせた（試験観察という）うえで、あらためて審判を開いて処分を決めることもある。

❻検察官送致とは、審判の結果、刑事処分が相当と認められるときにされる決定である。いわゆる「逆送」だ。さらに、16歳以上の少年が故意に被害

非行少年に関する手続きの流れ
（2020年版法務省パンフレットより）

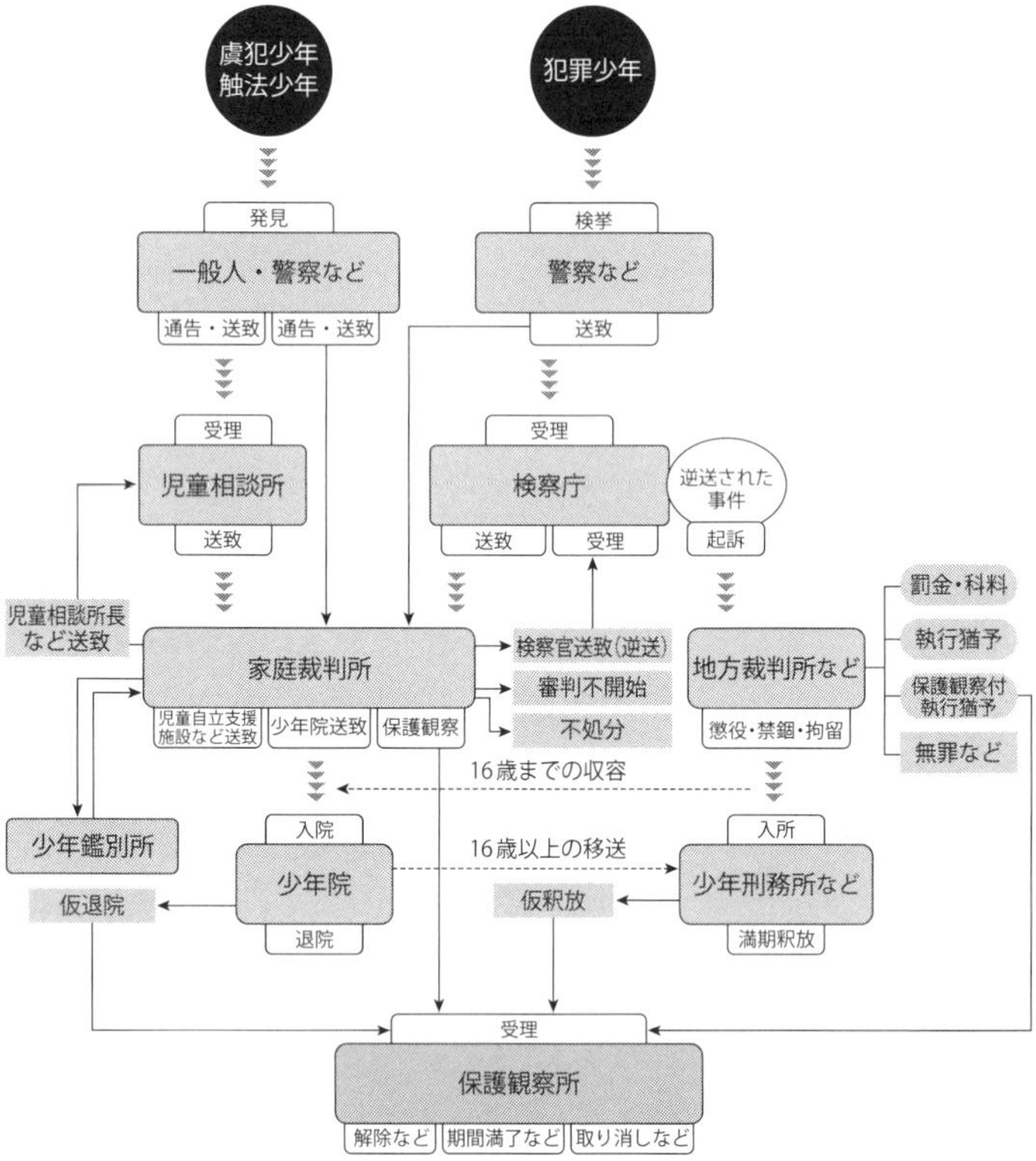

者を死亡させた場合は、原則として逆送され、送致を受けた検察官は、原則起訴しなければならないとされている。

❼審判の結果の保護処分は、(a) 児童自立支援施設などへの送致、(b) 少年院への送致、(c) 保護観察の３つに分かれる。保護観察（社会において指導・監督を受けながら更生をはかること）となれば少年院に行かず、法務省所管の組織である保護観察所の保護観察官や民間ボランティアの保護司の指導・監督のもと社会生活を送ることになる。

❽少年院送致処分となった少年は、第１種〜第３種のいずれかの適した施設に収容されることになる。収容期間は特修短期処遇（4ヵ月以内）、一般短期処遇（6ヵ月以内）、長期処遇（２年以内）の３つに分かれるが、期間の延長もある。収容中は生活・職業・教科などの矯正教育のほか、出院後に向けた社会復帰支援等がおこなわれる。同時に帰住先の生活環境の調整がおこなわれ、地方更生保護委員会の決定により、ほとんどの少年が収容期間満了前に仮退院となる。なお、少年院は更生のための矯正施設であり、そこでの教育は刑罰ではなく、少年院送致の記録は捜査機関側には前歴として残るが、前科とはならない（第４種少年院を除く）。

❾仮退院後は、本来の収容期間満了まで保護観察に付され、社会復帰に向けた生活を送ることになる。具体的には、保護観察所の保護観察官や保護司による指導・監督に加え、さらに職親プロジェクト協力企業などによる就職・住居支援などを受けながら、毎月面接を受けることや仕事をつづけることなどの遵守事項を守ることで、再犯を防ぎ、更生をはかっていく。

おわりに

最後までお読みいただきありがとうございます。

「社会を変えたい」という自分にとって大きな課題が生まれたのは、いまから9年前になります。

少年院の少女たちとの出会いは、私に大きな衝撃を与えました。

「彼女たちは、加害者になる前に被害者だった……」

この事実を社会の人に知ってもらいたい、いや、知らせるべき、と私は思いました。

なぜなら、社会が変われば、犯罪を予防することも、再犯を防ぐこともできると思ったからです。

「少年院の中で映画を撮るなんてことは無理だよ」

まわりのみんながそう言いました。

でも、私はできないと一度も思いませんでした。根拠はありません。

だって、あきらめたら終わりだから、あきらめない。ただそれだけでした。

そして2019年、映画が完成しました。

『記憶』製作基金事務局長を引き受けてくれた吉岡市雄さんと、法務省矯正局の小山定明さんには8年前、最初に企画書をご覧いただいてからずっと応援していただきました。心から感謝いたします。

法務省矯正局と保護局の皆様、取材を受け入れてくださった榛名女子学園の皆様、そして、良心塾の黒川洋司さん、製作にご協力いただき本当にありがとうございます。また、資料について相談に乗っていただいた法務省保護局の西崎勝則さん、ありがとうございます。

数年前まで中卒だった私は、大学に進学し、今春卒業することができました。この節目に、映画のことやこれまでの活動などをまとめたいと思っていたところに、お声をかけていただいたのがさくら舎の松浦さんでした。松浦さん、古屋編集長、私を見つけてくれてありがとうございます。

私は心をもつ人間です。彼女たちのインタビューでは、自問自答することばかりでした。この本では、映画では伝えることのできなかったことを私の言葉で伝えよう、そう思いました。

佳奈に寄り添うことができなかったときや、美和のことを理解できないと思ってしまったときの私。沙羅の親子関係に感情移入しすぎたこと。遥香の親を疑ってしまった私。

書きながら、彼女たちの顔が何度も浮かびました。インタビューの答えはこの本の中にあります。4人の少女がどこかでこの本を手に取り、読んでくれることを願います。

最後にみなさんにお願いがあります。

「人は変われる」

本の中で何度も伝えたことですが、人は変われます。

私が変われたように、そして、佳奈、美和、沙羅、遥香が人のやさしさや思いやりを知り、変わっていったように、です。

「人は変われる」

そう信じ、寄り添える社会の実現にお力をいただきたいのです。

この本が、どうか社会を変える一歩になりますように。

中村《なかむら》すえこ

著者略歴

1975年、埼玉県に生まれる。15歳でレディース（暴走族）「紫優嬢」の4代目総長となり、多くのメディアに取り上げられるが、抗争による傷害事件で逮捕され女子少年院に入る。17歳で仮退院後、レディースを破門となって生き方を見失い、覚醒剤に手を出し再逮捕。だが、信じてくれる大人の存在や母の愛に気づいたことで新たな道を歩みはじめる。2度の結婚、離婚を経て、4人の子を持つ母となる。2008年、自伝『紫の青春〜恋と喧嘩と特攻服』（ミリオン出版刊）を上梓。2009年、少年院出院者自助グループ「セカンドチャンス！」を仲間とともに立ち上げる。少年院での講話活動をつづけ、2015年に全国の女子少年院訪問を達成。少年院の少女たちの話を伝えて社会を変えたいと2019年、ドキュメンタリー映画『記憶』を製作し初監督をつとめた。2020年、最終学歴中学校から通信制大学を卒業し、44歳で高校教員免許を取得。現在も『記憶』上映会での講演や全国の少年院講話をつづけている。

女子《じょし》少年院《しょうねんいん》の少女《しょうじょ》たち
——「普通《ふつう》」に生《い》きることがわからなかった

二〇二〇年一一月一二日　第一刷発行
二〇二一年　四 月一四日　第三刷発行

著者　中村《なかむら》すえこ
発行者　古屋信吾
発行所　株式会社さくら舎　http://www.sakurasha.com
東京都千代田区富士見一-二-一一　〒一〇二-〇〇七一
電話　営業　〇三-五二一一-六五三三　FAX　〇三-五二一一-六四八一
編集　〇三-五二一一-六四八〇　振替　〇〇一九〇-八-四〇二〇六〇

装丁　石間　淳
写真　相澤義和
印刷・製本　中央精版印刷株式会社

ISBN978-4-86581-269-5